# Comment te dire au revoir

Stéphane Tapie
et Isabelle Dumas-Pelletier

# Comment te dire au revoir

Michel Lafon

118, avenue Achille-Peretti – CS 70024
92521 Neuilly-sur-Seine Cedex

## – 1 –

## La douleur d'être orphelin…

*La mort n'est que souffrance.*
*C'est une garce qui t'arrache les gens que tu aimes en toute impunité.*
*Si elle était en face de moi, je la crèverais !*

S. T.

Le 3 octobre 2021, Bernard Tapie est mort. Plus d'un an que je suis orphelin. Il est parti, comme ma mère bien avant lui, tous les deux frappés par le cancer, cette saloperie. Tapie était le dernier de mes parents. J'avais eu le temps de me préparer à sa mort, mais je n'avais pas anticipé la douleur d'être orphelin. Je ne connaissais pas ce statut, il me hante, je suis dans un puits sans fond. Être orphelin, c'est encore plus dur pour moi que d'avoir perdu mon père. Je n'ai plus de référent, je suis seul avec mes démons.

Malgré toute cette année et ces mois qui se sont écoulés, tous les événements glauques qui se sont succédé depuis le départ de Tapie, je n'ai toujours pas réussi à « faire mon deuil », comme on dit bêtement. En réalité, cette expression n'a pas de sens. C'est comme tous ceux qui me répètent : il faut apprendre à vivre avec… Non, ce n'est pas vrai, vivre avec, c'est vivre avec la mort. Ce qu'il faut, c'est apprendre à vivre sans lui. C'est ce que je souhaiterais, mais dès que je sors dans la rue ou que je me retrouve en société, les gens se dirigent vers moi et me parlent de lui : « Ah, votre père, quelle perte, on l'aimait beaucoup, vous savez ». Je les remercie bien sûr, comment ne pas les remercier, ce sont des amours. Mais même s'ils sont adorables, ils me replongent sans arrêt dans le passé. La personnalité de Tapie était telle qu'on me parle de lui continuellement. Son image est si ancrée dans l'inconscient collectif qu'il est toujours présent et qu'il le restera encore très longtemps. Alors, à force, je n'ose plus sortir de chez moi, je reste muré avec mes tourments. C'est pourquoi, aujourd'hui, il m'est plus difficile d'être le fils de Bernard Tapie qu'à l'époque où il était vivant. Par le passé, plus d'une fois, parce que j'étais le fils de… j'ai cru toucher le fond. Je croyais avoir bu la coupe jusqu'à la lie, mais ce n'était pas comparable à ce que je vis actuellement. Être le fils de mon père me renvoie continuellement à la mort. Et plus encore, son décès m'a fait revivre la disparition de ma maman. Elle a pris toute son importance.

En pensant à Tapie, je ne ressens pas de nostalgie, plutôt un grand sentiment de vide. Le manque, physique bien sûr, Tapie n'est plus à mes côtés, je n'entends plus sa voix au téléphone, je ne le vois plus débouler comme une tornade, se caler dans un fauteuil pour me raconter ses dernières emmerdes ou ses exploits, mais si j'ai envie de le retrouver, je regarde ses vidéos. Et comme ses admirateurs m'envoient beaucoup de vidéos, je le retrouve souvent, alors…

Tapie n'a jamais fait dans la dentelle, il aurait pu prendre des gants pour nous annoncer qu'il avait un cancer, réunir la famille un dimanche, anticiper notre angoisse, chercher des arguments pour nous rassurer. Ce n'était pas son genre, il a fait comme il a toujours fait, il a foncé dans le tas.

Un après-midi, j'entends le téléphone sonner, c'était Tapie. Rien d'étonnant, il m'appelait dès qu'une idée lui passait par la tête, parfois dix fois par jour. Après un « ça va ? » expédié sans même y penser et à la vitesse grand V, il me dit :

– J'ai une merde !

Rien de neuf sous le soleil, c'est pourquoi je lui réponds :

– Les merdes, ça fait 25 ans que tu en as…

– C'est vrai, mais là, c'est différent. »

Ironiquement, je lui réplique du tac au tac :

– C'est bien, tu vas pouvoir innover !

– Oui, mais ça s'appelle un cancer.

– Alors là, c'est pas une merde, c'est une tuile !

Ce n'était pas la première fois que mon père employait le mot cancer, mais il n'y avait rien de dramatique dans sa voix, il était même plutôt rigolard. Il a expédié la nouvelle au pas de course, m'a assuré qu'il n'y avait pas de raison de s'inquiéter, que d'ailleurs le chirurgien allait l'opérer la semaine prochaine, lui retirer cette saleté et que ça irait. Puis, il a embrayé immédiatement sur un autre sujet. En réalité, il n'y avait rien de solennel ou d'angoissé dans sa façon de me mettre au courant, c'était une fausse annonce, un échange tellement furtif que j'ai dû faire un effort pour m'en souvenir. À la limite, je ne m'en souviens pas…

La fois où je l'ai entendu pour la première fois prononcer le mot cancer, c'était un été dans sa maison de Saint-Tropez. Depuis longtemps, il avait une petite boule dans la joue, rien de méchant, il n'en souffrait pas. Et puis un soir, lors d'un dîner, un copain dermato lui dit : « Viens quand même me montrer ça, c'est pas très beau… » Par précaution, le médecin décide de retirer cette petite masse sous anesthésie locale et au cours de l'intervention, il s'aperçoit qu'il doit curer beaucoup plus haut, jusqu'aux sinus, et sous anesthésie générale. Après cette opération, pour Tapie comme pour nous, le problème était définitivement réglé. Mon père était le contraire d'un hypocondriaque, il ne s'épanchait pas sur ses éventuels bobos, à la limite, ils n'existaient pas. Il n'en parlait pas, point final !

C'était huit mois avant que les examens de contrôle révèlent un autre cancer qui, d'ailleurs, n'était peut-être pas consécutif du premier. C'est alors qu'il m'a téléphoné pour me dire texto : « J'ai une merde à l'estomac ! »

Je dois avouer qu'en raccrochant, cette fois encore, je n'étais pas vraiment stressé. Mon père était trop détendu, trop sûr de son fait pour que j'angoisse. Ce n'était pas la maladie qui allait gérer sa vie, c'est lui qui allait la gérer. Il voulait guérir plus vite que les autres et passer à autre chose. Quand tu te sens intouchable, inébranlable, increvable, tu n'en as rien à foutre d'avoir un cancer. Oui, il pensait être increvable. Il n'a jamais douté qu'il allait guérir. Et comme les gens autour de lui, mais également les gens de la rue, en étaient persuadés, leur certitude a créé une forme de dynamique qui a renforcé sa conviction. Il avait si peu peur de la mort qu'il se moquait de mourir ou non, à la limite. L'important pour lui, ce n'était pas d'exister sur cette terre, c'était de vivre, à fond, pleinement, maladie ou pas. Tapie avait une devise : chaque jour est un jour de gagné !

Sa détermination à terrasser le mal l'a accompagné dans toutes les étapes de sa maladie. Il n'a jamais baissé les bras, lâché son traitement. Il a suivi des protocoles expérimentaux, il a même essayé rapidement, au cours des deux derniers mois, un nouveau traitement qui n'a pas marché. Il a supporté beaucoup d'opérations, beaucoup trop… Au fil des mois, des années, comme je l'expliquerai plus loin dans ce livre, son comportement avec autrui, avec moi en particulier, a beaucoup évolué. En revanche, si son intellect est resté intact jusqu'au bout, son physique s'est beaucoup dégradé. Il a pris très cher. La douleur influe sur le faciès, elle imprime une grimace crispée sur le visage. Tapie avait un masque de souffrance permanent, il souffrait continuellement avec des pointes paroxystiques. Je l'ai vu vivre le martyre, à tel point que même son oncologue se demandait comment il pouvait supporter un pareil calvaire. Chacun a son seuil de tolérance à la douleur, et le sien était très très élevé... La pompe à morphine aurait pu le soulager, mais il l'a toujours refusée. Il voulait garder toutes ses capacités intellectuelles, son esprit et son cerveau en parfait état de fonctionnement, et c'est ce qui s'est passé. Une semaine avant sa mort, il menait encore les négociations pour la reprise de son journal *La Provence*. Alors que son corps se délabrait de plus en plus, son esprit restait complètement performant. Il a juste accepté de la morphine en patchs et quelquefois en injections sous-cutanées, pour le reste et jusqu'à la fin, ou presque, c'était hors de question.

Son refus catégorique des drogues qui auraient pu l'abrutir, et en particulier de la morphine, posait pas mal de problèmes aux médecins pour lui administrer certains médicaments et des vitamines dont il avait vraiment besoin. Ils auraient pu le faire par perfusion, mais Tapie n'en voulait pas. Il ne supportait pas l'idée d'être relié à une machine par un tuyau et qu'importe si la « machine » était un simple pied où était suspendue la poche de la perfusion. L'idée d'être attaché lui était intolérable. Là encore, ce n'était pas négociable. Lors d'un de ses nombreux séjours à l'hôpital, à un certain moment, il s'est retrouvé dans un sale état suite à sa perte d'appétit et sa dénutrition. Sa femme Dominique, ses autres enfants et moi-même, on s'est ligués pour le convaincre de changer d'avis, d'accepter la morphine et les perfs, sans résultat. Il était prévu qu'il sorte un jeudi quand il a hurlé qu'il en avait archi marre, et a décidé de rentrer chez lui deux jours plus tôt, le mardi. Soucieux, son oncologue me prend à part et me dit :

– J'aimerais bien le retaper avant de le laisser sortir, tu ne peux pas le persuader d'avoir de la morphine ?

– J'ai essayé, rien à faire !

– Tu n'as pas une idée ?

Sur le coup, je n'en avais aucune et puis en y réfléchissant…

– Si peut-être, je vais voir si elle est bonne…

Je savais que la première dame, Brigitte Macron, devait se rendre à l'hôpital pour rencontrer mon père le mardi. Je l'appelle et je lui dis :

– Vous pouvez me rendre un service ?

Elle devait chercher de quoi il s'agissait…

– Je vous demande de mentir.

Elle me répond :

– Ça ne va pas être possible, je ne mens pas.

Je lui explique le contexte, que Tapie veut

quitter l'hôpital après sa visite, donc plus tôt que prévu, et je lui demande si elle ne peut pas lui expliquer qu'elle viendra en définitive le jeudi, ce qui donnerait deux jours de plus à son médecin pour le « retaper », pour reprendre son expression.

Elle marque une pause et me dit :

– Je vais voir ça…

Elle n'a pas considéré la question longtemps… Je retourne dans la chambre de mon père et aussitôt, son téléphone se met à sonner, il regarde qui l'appelle et me fait un clin d'œil. C'était la première dame… Je n'ai pas entendu quels arguments elle a employés pour justifier le report de sa visite, en revanche, j'ai entendu Tapie s'exclamer :

– D'accord, entendu pour jeudi matin à l'hôpital !

C'était toujours ça de gagné ! À peine Tapie avait-il raccroché, que mon téléphone à son tour s'est mis à sonner, c'était Brigitte Macron ! Tapie me demande :

– C'est qui ?

– Je ne sais pas, je vais voir…

Je sors à toute vitesse dans le couloir pour qu'il n'entende pas la conversation, et elle me confirme ce que je sais déjà. En définitive, pour des raisons de sécurité inhérentes à son déplacement, Brigitte Macron a rencontré Tapie chez lui, le jeudi après-midi. J'ai trouvé qu'elle avait vraiment été compréhensive.

En 2017, quand les médecins ont appris à Tapie qu'il avait un cancer, il était convaincu d'avoir le dessus. Peut-être qu'inconsciemment, c'était un moyen de s'en persuader, mais cette certitude ne l'a pas quitté, peut-être, je dis bien peut-être, l'a-t-elle abandonné les deux derniers mois de sa vie. Lui seul aurait la réponse… De toute façon, s'il avait pensé le contraire, ça aurait été la négation de toute sa personnalité, de sa façon d'être et de réagir. Dans la vie, quand il rencontrait une difficulté (et concernant le cancer, quelle difficulté !), il l'examinait sous toutes les coutures, avisait et se battait pour la terrasser. Tapie s'est toujours fixé des objectifs que la plupart des gens considéraient comme irréalisables. Plus ils étaient compliqués, plus leur réussite était aléatoire et plus le challenge le motivait. Il était de la race des conquérants de l'impossible, des sommets inviolables, quand il s'arc-boutait sur un projet, il ne pensait pas à la dégringolade, il avançait encore et encore. Les bâtons dans les roues, les embûches le motivaient. Alors, pourquoi aurait-il baissé les bras en apprenant qu'il avait un cancer et même deux, pourquoi aurait-il déprimé dans son coin, les bras ballants, désœuvré ? Bernard Tapie était un Rocky Balboa, il ne savait ni renoncer ni jeter l'éponge, toute sa vie a été un combat, il n'a jamais envisagé le KO ou alors pour mieux se relever.

## – 2 –

## La quête de l'impossible...

Être le fils de Bernard Tapie, ça signifiait que je devais m'attendre à tout et à n'importe quoi... Je suis né le 5 août 1969, mais tous mes papiers officiels, passeport, carte d'identité, permis de conduire, portent la date du 9 août. Que s'est-il passé ? Mon père avait oublié de me déclarer. Il devait sans doute être déjà très occupé...

C'est donc le 9 août 1969 que Tapie se souvient brusquement que, depuis quatre jours, il a un garçon et qu'il serait peut-être temps d'en faire part à l'état civil... Toutes affaires cessantes, il fonce à la mairie, arrive en trombe au service adéquat, se plante devant un guichet et brandit l'acte de naissance que lui a délivré la maternité.

– Bonjour ! Je voudrais déclarer mon fils qui est né... heu... il est né quand, déjà ?

Comme il a du mal à s'en souvenir et que cela va plus vite, il tend à l'employée le justificatif. Elle prend un air désolé avant de lui répondre :

– Mais Monsieur, c'est trop tard. Vous aviez trois jours ouvrables pour le faire…

– D'accord, mais on fait comment maintenant ?

– C'est compliqué… Pour que votre fils figure sur les registres, vous devez avoir un jugement du tribunal de grande instance. Cela peut prendre plusieurs mois et en attendant l'enfant n'aura pas d'existence légale, pas d'état civil…

– OK, basta !

Tapie tourne les talons, s'engouffre dans sa voiture, débarque à la clinique et déboule dans le bureau des infirmières. Il demande où est la sage-femme, finit par la trouver et quelques minutes après, il ressort avec un nouvel acte de naissance portant la date du jour, le 9 août. Comment a-t-il réussi ce tour de passe-passe ? Est-ce lui qui a donné un coup de tampon sur la feuille avant d'y apposer un gribouillis en guise de signature ? Mystère, mais avec Tapie, il ne fallait s'étonner de rien…

Aussitôt le fameux papier en main, il retourne à la mairie et retombe sur la même petite dame.

– Bonjour ! Je viens déclarer mon fils !

– Mais Monsieur, je vous ai expliqué il y a une heure que ce n'est pas possible parce que le délai est expiré depuis...

– En tout cas, moi, je ne vous connais pas ! Mon fils est né il y a deux heures, voici le papier !

Vous trouvez ça drôle ? Oui, tout le monde se marre, moi, beaucoup moins... Au début, comme la plupart des gens, j'ai pris cette histoire à la légère, il n'y avait pas mort d'homme. Puis en la racontant à des amis, je me suis aperçu que certains pensaient que ce n'était pas si marrant que ça. C'est alors que j'ai pris conscience que ce n'était pas un drame, mais quand même... Quand mon fils aîné, Thomas, est né, je me suis précipité à la mairie pour déclarer sa naissance. C'était une façon de lui donner une existence légale, de lui souhaiter la bienvenue, de revendiquer ma fierté d'être père. Tapie, lui, n'en a pas vu l'utilité, il s'est décidé quatre jours plus tard parce que c'était la *dead line* et qu'au-delà, sa déclaration ne serait plus recevable. Bien sûr qu'il était très pris, il devait l'être un max, mais il y a parfois des priorités dans les urgences. J'en suis même arrivé à me demander si ma naissance l'avait laissé indifférent. C'était certainement pousser le bouchon trop loin, mais ce dont je suis sûr, c'est que son attitude a été surréaliste et en disait long sur la suite. J'avais quelques jours, c'était déjà le bordel et ce n'était que le début…

*

* *

Quand on considère tout ce qui est arrivé depuis ma naissance, la succession de coups durs et de péripéties judiciaires qui ont jalonné la carrière de Bernard Tapie et bouleversé notre famille, l'étendue des dommages collatéraux que ses problèmes ont provoqués, on se doute que je rêvais que mon père cesse de faire tout et n'importe quoi, qu'il se calme et se retire du jeu. Vu de la Lune, ça devait être envisageable, mais en réalité, ce n'était pas la peine d'y penser. Tapie était incapable de dire : « C'est fini, j'arrête tout ! » Il avait été programmé dès la naissance pour aller de A à Z, et le point Z ne serait jamais atteint. La ligne d'arrivée pour le commun des mortels, et moi en particulier, c'est de se retrouver à plus de 70 ans avec une jolie maison au bord de la mer, d'avoir des chambres pour tous les enfants et les petits-enfants, et de les regarder vivre et grandir. C'est mon plus grand souhait, et si je le réalise, je serai pleinement heureux. Mais même si mon père avait atteint ce but ultime, il ne lui aurait pas suffi, tant sa quête de l'impossible était sans fin. Seul son cœur, quand il s'est arrêté de battre, l'a stoppé dans son élan. Tapie n'a jamais écrit le dernier mot de la dernière page du livre de sa vie, c'est la mort qui y a mis un point final.

Psychologiquement et intellectuellement, Tapie ne pouvait pas mettre un terme à sa carrière de businessman. C'était plus fort que lui, il avait besoin de rester sur le devant de la scène, d'entreprendre et de briller. Ce qui l'intéressait avant tout, ce n'était même pas la possession, c'était la quête de l'impossible, une forme de boulimie qui l'emmenait plus haut, plus fort, plus loin. C'est ce qu'il a toujours fait : pousser les choses jusqu'à l'extrême, jusqu'à la dernière limite, et toute sa vie en a été la preuve. Quand tu n'as pas un bac scientifique et qu'en dix-huit mois, tout en restant à la tête de tes affaires, tu passes ton brevet de pilote, ce n'est pas anodin. C'est la marque d'une volonté obstinée à laquelle rien ne doit résister.

Lorsque mon père a été amené à s'intéresser au football et donc à l'Olympique de Marseille, il a accepté le challenge d'en faire un très grand club, mais en plus, il a clairement annoncé la couleur en affirmant : « L'OM sera champion d'Europe ! » Et, en effet, depuis 1936, c'est le seul club français à l'avoir été, et quand il a réussi cet exploit, c'était avec un président qui s'appelait... Bernard Tapie.

S'agissant du cyclisme, même scénario. Il aurait pu se dire : « Je vais monter une petite équipe et tenter le Tour des Flandres », mais ce n'était pas du tout son style. La première chose qu'il a décidée en pénétrant dans le monde du vélo, c'est de se documenter à fond sur ce sport. Tapie voulait tout savoir, tout comprendre. Il a passé en revue l'historique des courses et de leurs champions, étudié les palmarès et même la technologie, de l'aérodynamisme d'un vélo jusqu'aux alliages qui le composent. Tapie ne supportait pas de ne pas maîtriser le domaine dans lequel il évoluait. Par choix ou par obligation, il se renseignait, il apprenait, il mémorisait. Je l'ai observé en réunion avec des avocats : « Attention, les gars ! Il y a un vice de forme dans le dossier ! » Tapie connaissait le Code pénal mieux que ses conseils, et ils n'avaient pas intérêt à le contrarier, sous peine de devoir se replonger des heures dans la lecture du petit livre rouge. Tapie, c'était un *computer*, il avait un disque dur à mémoire illimitée.

Quand il s'est lancé dans l'aventure cycliste, il venait de racheter Look, qui s'occupait essentiellement de fixations de ski. Il a convoqué les ingénieurs de l'entreprise et leur a dit : « Débrouillez-vous, trouvez-moi une fixation pour caler les pieds des coureurs de façon à ce qu'ils aillent plus vite. Jusqu'à maintenant, c'est la pointe du pied qui appuie sur la pédale, il faut que ce soit la plante, on gagnera en ampleur, en force et en puissance. » C'est ainsi qu'a été mise au point une nouvelle pédale qui est encore utilisée aujourd'hui.

Après cette trouvaille, pour Tapie, la suite du programme coulait de source : aller chercher Bernard Hinault et gagner le Tour de France !

En 1983, il ne se demande pas une seconde si cet immense champion, déjà quadruple vainqueur du Tour, acceptera. Ni si son état physique lui permettra de revenir au meilleur de sa forme. Le champion souffre pourtant d'une grave tendinite du genou droit comme Bernard Hinault lui-même me l'a confirmé. Avec mon père, il était préférable d'avoir confirmation de la version qu'il avançait. Ce n'était pas qu'il inventait, mais il « marseillisait » l'histoire, il la gonflait. Alors, il valait mieux vérifier… Donc, en 1983, et à cause de son genou, Hinault a été forcé de renoncer à participer au Critérium du *Dauphiné libéré*, il a abandonné le Tour du Luxembourg et a déclaré forfait pour le Tour de France. La plupart des gens du métier le donnent perdu pour le cyclisme. Mais pour Tapie, peu importe… Quand il apprend que le coureur est hospitalisé à Paris, il fonce à la Pitié-Salpêtrière. Le champion est limite, il vient d'être opéré des ligaments du genou et de sortir du bloc. Tapie fait irruption dans sa chambre.

– Je ne vous dérange pas longtemps, j'en ai pour cinq minutes. Je voudrais qu'on gagne le prochain Tour de France ensemble !

Bernard Hinault est dans le gaz, allongé sur son lit avec un plâtre qui descend le long de la jambe qui vient d'être opérée. Il a une paire de béquilles à portée de main, une perfusion dans le bras. Il découvre cet énergumène qui le presse de répondre et, sur le coup, il ne comprend pas ce que Tapie lui raconte.

– Qu'est-ce que vous dites ?

– Je vais monter une équipe autour de toi et on va remporter le Tour de France tous les deux.

– Mais vous voyez bien que je ne suis pas en état…

– Oublie, ce n'est rien ça, tu vas guérir. La guérison, c'est dans la tête, si tu veux vraiment guérir, tu guériras. Je t'attends. On va se le gagner, ce Tour de France !

Ça n'a pas raté, c'est exactement ce qui s'est passé. Un an plus tard, en 1984, Bernard Hinault se classe second derrière Laurent Fignon. En 1985, il remporte le doublé Tour d'Italie-Tour de France. C'est sa cinquième victoire sur la Grande Boucle et il vient d'égaler le record de Jacques Anquetil et d'Eddy Merckx. Bernard Tapie l'avait dit, Bernard Hinault l'a fait…

Le reste est à l'avenant… J'y reviendrai plus loin, mais pour Tapie, faire de la politique pour être quatrième adjoint au maire d'un bled improbable, c'était n'importe quoi. À l'évidence, il ne pouvait être que député, ministre, et Président un jour ! Or, quoi qu'on pense de sa carrière politique, c'est quand même lui qui, en 1989, a plongé les mains dans le cambouis et détruit le Front national à Marseille au moment où celui-ci était dans une irrésistible ascension. Tous ceux qui se sont retrouvés au pouvoir par la suite avaient refusé d'affronter Jean-Marie Le Pen ; tous avaient décliné l'offre quand François Mitterrand cherchait un adversaire au leader du Front national. Alors, en désespoir de cause, la gauche a envoyé ce qu'elle pensait être le « guignol » de l'époque, sauf que le « guignol » a fait dégringoler le FN comme personne ne l'avait fait jusque-là.

*
*   *

Si Tapie s'est distingué dans bien des domaines, c'est pour une bonne raison : dans sa logique, la seule place qui valait la peine, c'était le sommet et le seul moyen d'y accéder, c'était de grimper encore et encore, sans relâcher son effort. Après le football, le cyclisme, la politique, la passion de Tapie pour le bateau a parfaitement illustré ce goût du challenge. En principe, quand on achète un beau voilier, c'est pour s'amuser, profiter de la mer et prendre du bon temps. Mais pour Bernard Tapie, ça aurait été trop simple et surtout, il n'y aurait pas eu d'enjeu… Dès que l'idée d'acquérir un bateau lui a germé dans la tête, comme par hasard, ce ne pouvait être que le plus grand voilier du monde : le Club Méditerranée, qui avait appartenu à un marin d'exception disparu en mer, Alain Colas.

Je devais avoir une quinzaine d'années quand, pour la première fois, je suis parti en vacances avec mon père à l'étranger. Nous étions à Tahiti depuis quelques jours quand des amis nous présentèrent la dernière femme d'Alain Colas. La discussion porta sur les courses remportées par son mari et elle nous dit :

– C'est vraiment dommage que son magnifique bateau soit à l'abandon...

Mon père, qui avait une admiration sans bornes pour ce navigateur hors pair, demande alors à voir ce qui reste du Club Méditerranée. Ce bateau, qui avait été une merveille de technologie et d'esthétique, était effectivement une épave qui attendait de finir à la casse. En le voyant sur cales, même pas sur l'eau, la seule idée qui m'est venue à l'esprit a été : « Ça fait un beau tas de rouille ! » Mais ça n'a pas découragé Tapie. Il n'a pas hésité, il s'est tourné vers la femme de Colas et lui a simplement demandé :

– OK, combien ?

Et moi, j'ai pensé : « Combien de kilos de rouille ? »

Pour mon père, l'affaire était entendue, il allait remettre en état le Club Méditerranée.

À cette époque, Tapie est proche du maire de Marseille, Gaston Defferre. Afin de relancer l'activité des chantiers navals, celui-ci demande à mon père d'organiser en grande pompe le retour du bateau d'Alain Colas dans la cité phocéenne. Je m'installe avec les officiels et le comité d'accueil dans la tribune d'honneur aménagée devant la mairie. Les Marseillais, qui se sont déplacés en foule, se massent sur la place, la fanfare fait un boucan pas possible, les majorettes sont en plein effort, il ne manque plus que le gendarme de Saint-Tropez… Mon père, très fier, sourit aux photographes, Gaston Defferre prend la pose, et tout le monde se met à guetter l'arrivée du « pur-sang des mers ». L'attente se prolonge, certains commencent à s'impatienter quand enfin, petit à petit, l'assemblée voit apparaître au loin les contours d'une forme indéterminée. Comme au ralenti, le bateau – ou plutôt ce qu'il en reste – avance péniblement sur la mer puis pénètre dans le port de Marseille. Sidérés, les gens découvrent alors une masse informe de soixante-douze mètres de long tirée par deux remorqueurs. Il n'y avait plus rien, le pont était masqué par un Algeco, un énorme conteneur métallique, et il ne restait que la coque et la rouille.

Gaston Defferre, pour le moins déçu, reste impassible, mais prend un air entendu qui signifie : « Tapie se fout de moi, il me ramène une épave dans le port ! »

Cette arrivée qui aurait dû être spectaculaire et qui devenait risible n'a pas désarçonné mon père. Il était fou de joie, pointait le doigt en direction du bateau, énumérant à haute voix ses qualités et remerciant la bande de faux-culs qui lui répétait : « Il est magnifique, vraiment magnifique ! »

Il a fallu des années pour remettre en état ce tas de boue, car il était vraiment pourri... La seule chose que Tapie a gardée de l'original, c'est la colonne vertébrale, le squelette du bateau. Tout le reste a été détruit et reconstruit. Il a usé et fatigué les meilleurs décorateurs du monde, des milliers de tonnes de sable ont été pulvérisées pour décaper la rouille, sans parler du prix de revient... Cette remise en état a coûté les yeux de la tête à mon père. Il n'a pas lésiné pour sauver ce voilier haut comme un immeuble de douze étages et qui n'exigeait pas moins de quinze hommes pour le manœuvrer. Il a dépensé une fortune, bien plus que s'il avait acheté un bateau neuf, mais dans un but précis : l'embellir tout en respectant scrupuleusement ses qualités sportives. Ce que Tapie souhaitait par-dessus tout, c'était que le bateau garde l'âme d'Alain Colas...

Au bout de quatre ans, il avait réussi son pari : avec la dizaine de cabines luxueusement décorées, l'immense salon aux vitres fumées qui se transformait le soir en boîte de nuit, un salon de coiffure et une salle à manger qui pouvait accueillir plus de vingt personnes, le Club Méditerranée était devenu un yacht haut de gamme. Tapie le rebaptisa alors le Phocéa et l'utilisa comme « bureau » secondaire dans le cadre de ses relations publiques. Mais, fidèle à lui-même, il n'en resta pas là et décida de l'engager dans l'une des plus grandes courses du monde. Son but : gagner la Transatlantique. Ce qu'il allait faire en 1988 ! Le monocoque traversa l'Atlantique en un temps incroyable : quatre jours de moins que le record de Charly Barr, qui datait de 1905.

Tapie aurait pu suivre cet exploit de chez lui grâce aux caméras embarquées sur le bateau, mais ce n'était pas son genre. Au départ de New York, devant une foule d'Américains admiratifs, quand le voilier longea la statue de la Liberté, il était sur le pont, en plein vent, et il y est resté. Comme il avait le sens de la publicité et qu'avec lui tout était business, il avait, avant de partir, négocié avec Jean-Claude Dassier, directeur des sports et responsable des opérations spéciales de TF1, que la course serait sponsorisée par la chaîne et suivie chaque soir par les Français. Le journaliste Hervé Duthu et le réalisateur Jean-Paul Jaud participaient donc à l'aventure afin de commenter la course et d'en assurer les images. Pendant la traversée s'est produit un épisode qui définissait parfaitement la personnalité de mon père…

En pleine course, Tapie se retrouve, avec l'équipage, confronté à une de ces tempêtes dont l'Atlantique a le secret. Quand cet océan est démonté, ce n'est pas un petit grain, ce sont des vagues énormes avec des creux de plus de douze mètres. Ce n'est pas pour rien que les plus grosses, celles qui dépassent les vingt mètres, sont appelées « vagues scélérates »... Quand on risque d'être pris dans la marmite du diable et de devoir faire face à des murs d'eau, il n'y a pas cinquante solutions. À ce moment de la course, Tapie n'a qu'une alternative : soit il contourne la tempête, soit il fonce dedans au péril de sa vie et de celle de l'équipage. S'il choisit la possibilité la plus extrême, il ne se fait pas d'illusions sur ses chances de réussite, mais il sait qu'en optant pour le choix le plus dangereux, s'ils s'en sortent, ils pulvérisent le record. Comme il aimait bien avoir l'avis de gens d'expérience (surtout pour ne pas le suivre...), il interroge Jean-Luc Pinon, le commandant. C'était un homme expérimenté, commandant dans la marine marchande et qui naviguait depuis plus de trente ans.

– Monsieur, lui répondit-il, vous avez vu l'état de la mer ? Ce n'est pas possible de tirer droit. Le vent est de force 10, c'est l'enfer, on contourne par le sud !

Tapie avait sans doute engagé un commandant pour ramasser les bouts. Sur un bateau, il y a toujours des cordages qui traînent… Comme c'était prévisible, l'échange entre les deux hommes est tendu. Tapie ne l'entend pas de cette oreille et la discussion s'envenime. Le commandant a beau être, logiquement, seul maître à bord, Tapie l'envoie promener, prend la direction des opérations et maintient le cap au nord. Il a tranché et décidé de lancer le quatre-mâts droit dans la tempête.

Très vite, le voilier se retrouve dans la tourmente. Submergé par le mal de mer, Hervé Duthu s'agrippe au bastingage, quant à Jean-Paul Jaud, il voit sa dernière heure arriver, persuadé qu'ils vont tous y rester. Défait, le cœur au bord des lèvres, le réalisateur demande à Tapie s'il se rend compte de la dangerosité de la situation, mais celui-ci lui répond qu'il n'y a aucun problème, qu'ils sont tous embarqué sur un bateau formidable, le meilleur voilier du monde, et qu'il n'y a rien à craindre. Le réalisateur regagne sa cabine et y reste prostré plusieurs jours dans un « coma tétanique », paralysé par la peur et pour cause… À tout moment, les drisses, ces câbles qui tiennent les voiles, risquaient d'être arrachées. Deux fois, le bateau s'est retrouvé sur le flanc à la limite de chavirer, complètement déséquilibré et parallèle à la mer. Impossible de savoir si les mâts de quarante mètres de haut allaient plonger en entraînant les mille mètres carrés de voilure, ou si la quille allait se redresser. Si les mâts étaient noyés, le poids de l'eau entraînerait le bateau par le fond. Dans ce cas, il n'y aurait pas d'issue, ce serait la mort. En revanche, si la quille se redressait et remettait le bateau d'aplomb, ils pourraient poursuivre leur route. Et c'est ce qui s'est produit…

Cette anecdote est à l'image de la vie de mon père : il a toujours été parallèle à la mer, il a toujours fait le choix le plus difficile ; au moins là, dans sa logique, il était sûr de ne pas se tromper. Même si son obstination lui a souvent coûté cher et l'a conduit plus d'une fois au bord du gouffre, il n'a jamais dévié.

Beaucoup se sont étonnés de la détermination de Tapie, de sa faculté surprenante d'encaisser les coups et de rebondir. Je ne crois pas qu'il était masochiste, il avait simplement intégré que pour parvenir au but qu'il se fixait, il devait obligatoirement en prendre plein la tête. Cela faisait partie du processus. On ne traversait pas le désert sans attraper des coups de soleil et courir le risque d'un malaise. À partir du moment où tu tentes cette aventure, tu sais ce qui t'attend. À toi de voir si tu as la force d'affronter ces épreuves ou pas. Mais si ton désir de franchir la ligne d'arrivée est le plus fort, la peur des coups devient secondaire. À la limite, si Tapie n'en bavait pas, pour lui ce n'était pas normal. C'était la preuve qu'il s'était trompé de chemin. Et plus ce chemin était semé d'embûches, plus ça le confortait dans l'idée qu'il était sur la bonne voie.

La boulimie de Tapie était telle qu'il ne profitait même pas de ce qu'il possédait, et parfois même des empires qu'il avait réussi à conquérir. C'est ce que son acquisition d'Adidas a démontré. En 1990, cette société était deuxième sur le marché mondial du sport après Nike. Pour parvenir à ses fins, emporter l'affaire et acheter Adidas, Bernard Tapie a bataillé pendant des mois. Il a relevé tous les défis, vendu plusieurs grosses affaires pour réunir les fonds, et a mis tout son poids et son argent dans la balance. Jusqu'au moment où, enfin, il réalisa son rêve, « l'affaire de sa vie » comme il la qualifia, et devint propriétaire d'Adidas.

Quelques jours après ce coup d'éclat, j'allais le voir dans son hôtel particulier de la rue des Saints-Pères, à Paris. Dans mon esprit, aucun doute, mon père devait être au top de la forme, en train de savourer sa victoire. C'était la seule possibilité, comment pourrait-il en être autrement ? J'arrive, je le félicite et je lui demande ce qu'il ressent. Je m'attendais à tout, sauf à ça... Au lieu de se réjouir, mon père me regarda d'un air abattu et me répondit :

– Oui, c'est formidable... Mais qu'est-ce que je vais bien pouvoir faire maintenant ?

J'étais stupéfait, bouche bée. Il n'avait rien trouvé d'autre à me dire, même pas ce que représentait pour lui cette victoire ! Tapie venait de réussir le plus gros coup de sa carrière, c'était l'apothéose de son parcours de businessman et la seule chose qui l'intéressait, c'était de savoir quel nouveau défi il allait pouvoir relever. Je ne m'en suis pas remis, ça m'a marqué à vie, sa réaction en disait long sur son état d'esprit...

*

* *

Le pire, c'est qu'en vieillissant, ça ne s'est pas arrangé. Plus le temps passait, plus Tapie prenait le pas sur Bernard. Volontairement, il s'était créé un personnage et il finissait par ne plus être que ce personnage. À moins que, depuis le début, il n'ait été ce personnage naturellement… Une telle obstination et un tel appétit de victoire n'allaient pas sans une formidable confiance en soi. Tapie ne doutait pas, jamais, de rien.

Le revers de la médaille, c'est que en public comme en privé, il était toujours persuadé d'avoir raison. À chaque dîner en famille, on se métamorphosait tous en béni-oui-oui. La Terre est plate ? OK, c'est entendu ! Nous n'avions pas le choix, sinon la discussion tournait à l'empoignade. Le raisonnement de mon père était simple : nous pouvions ne pas être de son avis, mais comme seul son avis était le bon, celui qui ne le partageait pas était débile… Après, il fallait choisir : « Tu es d'accord avec mon point de vue ou tu es un imbécile, mais c'est comme tu veux… » Il faut reconnaître que dans la vie, ça ne lui a pas mal réussi de ne jamais douter et de toujours faire ce qu'il voulait, comme il le sentait. Mais même si, comme beaucoup de gens, j'étais fasciné par ses qualités intellectuelles, Tapie me saoulait, Tapie me fatiguait. Il y a un moment où trop c'est trop. L'histoire ne pouvait pas être un perpétuel recommencement. J'avais envie que mon père vive enfin posément et sereinement, entouré de ses enfants et petits-enfants.

## – 3 –

# Dommages collatéraux

La première fois que les problèmes de Tapie ont déclenché une cascade de réactions et que j'en ai payé les pots cassés, c'était en 1994, lors de l'affaire OM-VA. Mon père était impliqué dans le scandale d'un match de football truqué où les joueurs de Valenciennes avaient été, paraît-il, achetés pour laisser gagner l'équipe de Marseille.

Dès le début, et bien que Tapie n'ait pas encore été mis en cause dans cet imbroglio, cette histoire avait fait beaucoup de bruit. C'était la grosse affaire qui s'affichait à la une de tous les journaux et faisait l'ouverture des actualités télévisées. À cette époque, j'avais vingt-cinq ans. J'avais commencé ma carrière à la télévision en devenant, à vingt et un ans, animateur et producteur, sur TF1, d'un programme pour adolescents intitulé *Y a pas de lézard*. L'émission marchait bien, c'était un produit phare de la chaîne. Puis j'ai enchaîné, toujours comme animateur, sur une autre émission destinée aux jeunes : *Ça me dit et vous ?* À l'antenne comme au bureau, j'étais entouré d'une bande de copains, je m'amusais beaucoup, je n'avais même pas l'impression de travailler. C'était une période formidable et, sur le plan professionnel, la vie me souriait.

Un matin, Xavier Couture, le directeur de l'antenne, m'appelle dans son bureau. À peine ai-je passé la porte qu'il se lève, très amical, s'assied sans façon à côté de moi sur le canapé, style « pas de cérémonie entre nous ». Après m'avoir sorti quelques banalités d'usage, il marque une pause et prend un air protecteur, limite paternaliste. Je me demande où il veut en venir, mais – même si je ne me fais pas d'illusions sur la raison pour laquelle je suis à l'antenne – je ne m'attends vraiment pas à ce qu'il me dise, avec la mine du grand frère qui veille sur le petit dernier :

– Tu sais, on a bien réfléchi. Nous devons absolument te protéger. Alors on va te retirer de l'antenne…

– Mais je n'ai pas besoin d'être protégé !

– Si, c'est dans ton intérêt.

En clair, même en y mettant les formes et en me laissant croire que c'était pour mon bien, il me virait, je devais dégager. Bien sûr, il ne le formulait pas d'une façon aussi brutale : quand on vire un animateur, on prend des précautions. Mais quand une émission a une bonne audience et que l'on fiche à la porte celui qui la présente, c'est parce que son image est mauvaise. La mienne était bonne jusque-là, mais c'était avant que l'affaire OM-VA n'éclate… Le plus insupportable, c'est que Xavier Couture ait pu imaginer une seconde que j'étais dupe de son cinéma et que j'ignorais ses motivations réelles. Il me prenait vraiment pour un imbécile. Me protéger ? Quelle hypocrisie ! Lui et ses semblables m'ont tellement bien protégé qu'après qu'ils m'ont montré la sortie, je n'ai jamais retrouvé l'entrée, du moins comme animateur. J'ai été collé deux ans au placard ! Avec, en compensation, un bon salaire pour que je la ferme. Après avoir été engagé chaleureusement parce que j'étais le fils de Tapie, j'ai été salement viré pour la même raison. Mon travail n'était pas en cause, j'avais fait mes preuves, mais seule ma filiation leur importait. J'étais écœuré, je ne mettais même plus les pieds au bureau, ce qui ne m'empêchait pas de toucher mon chèque en fin de mois. Cet argent ne suffisait pas à éteindre ma colère, et puis l'oisiveté a fini par me peser, alors j'ai décidé de reprendre ma vie professionnelle en main. Je suis retourné à TF1 et j'ai commencé à ruer sérieusement dans les brancards en disant tout haut ce que je pensais tout bas, non seulement des boss, mais aussi de leur façon de se comporter.

À cette époque, Pascale Breugnot était directrice des magazines et de la fiction. Avec des émissions comme *Moi, je* et *Psyshow,* sur Antenne 2, elle avait révolutionné la télévision en donnant la parole à des anonymes qu'elle mettait en plateau et qui s'exprimaient sans tabou sur leur vie intime. Tout y passait : relations de couple, sexualité, addictions, fantasmes, un cocktail sulfureux qui faisait exploser l'audience. C'est dire si son soutien pouvait être précieux…

C'était également Pascale Breugnot qui, en 1982, avait lancé sur Antenne 2 *Gym Tonic*, une émission de fitness animée par Véronique et Davina. Sur une musique qui est restée culte, *Tou, tou tou you tou*, face à un public de filles en tenue de sport et déchaînées, les deux égéries du *work-out* – à l'image de Jane Fonda qui avait lancé le mouvement aux États-Unis – suaient sang et eau. Mais l'originalité de ce programme de gymnastique, c'était d'inviter une personnalité à les rejoindre sur l'estrade mouiller sa chemise. Beaucoup d'appelés et, parmi eux, un beau brun athlétique, un homme d'affaires au charisme et au charme à toute épreuve : Bernard Tapie, qui venait d'être élu à la deuxième place des hommes préférés des Françaises, après Alain Delon. Quand on sait qu'à cette époque l'émission réunissait jusqu'à treize millions de téléspectateurs, on devine que sa performance, en bas de survêtement vert grenouille et débardeur rouge, fit beaucoup pour sa popularité. Cette séquence est d'ailleurs régulièrement rediffusée, les gens ne s'en lassent pas... Jusque-là, le stéréotype de l'homme d'affaires, c'était un homme d'âge respectable, mesuré, sentencieux et à moitié chauve, installé dans un bureau de notable. Tapie avait balayé cette image en imposant sa jeunesse avec beaucoup d'arrogance et un aplomb incroyable. Ce qui ne m'empêche pas d'avoir regretté sa participation à cette émission. Et je continue à penser qu'il n'y était pas à sa place. Il était sorti du cadre, et ses gesticulations sportives ont marqué un tournant dans sa vie professionnelle. Pour les représentants du monde des finances, c'était une forme d'agression.

En 1994, désœuvré, je suis donc à ronger mon frein derrière mon bureau quand « la papesse de la téléréalité », Pascale Breugnot, me téléphone. Elle est au courant de mes coups de gueule et, avec le franc-parler qui la caractérise, elle me dit, en évoquant ses supérieurs : « J'aime bien comment tu les as traités. Viens travailler avec moi ! » Ça n'a pas traîné, je suis aussitôt devenu coproducteur d'une émission de divertissement, mais, comme je l'ai dit, je n'ai plus jamais été animateur… Même si ça ne remonte pas à hier, la confrontation avec Xavier Couture et sa manière de me virer sont restées gravées dans ma mémoire. J'ai payé le fait d'être le fils de Tapie. C'était trop violent, trop injuste, comment oublier ?

*

*　*

À une autre reprise, et toujours parce que je m'appelais Tapie, c'est tout mon univers professionnel qui s'est effondré. J'avais eu l'idée de créer une société qui regrouperait des intermittents du spectacle de qualité et proposerait un annuaire géant de ces professionnels sur Internet. En fonction de leurs besoins, les producteurs feraient appel à leurs services et seraient mis en contact par l'intermédiaire du site, sur des critères non pas de copinage, mais de compétences. Enfin, un intermittent ne serait plus jugé et engagé par rapport à son carnet d'adresses, mais pour son talent. J'ai donc fondé Talenteis, dont je suis devenu le directeur général.

Pendant les vingt années que j'ai passées à la télévision, j'a rencontré, trop brièvement, des gens admirables, des personnalités très fortes qui m'ont beaucoup enrichi. On travaillait ensemble, je les côtoyais le temps d'une émission, parfois d'un show et puis on se perdait de vue. C'est en les fréquentant que je me suis aperçu que le talent n'est pas uniquement l'apanage des artistes, qu'ils soient comédiens, chanteurs ou musiciens. Il y a aussi un large éventail de personnes formidables qui gravitent autour des spectacles : réalisateurs, cadreurs, éclairagistes, costumiers, coiffeurs, et beaucoup d'autres. J'ai choisi de réunir des représentants de tous ces corps de métier dans ma société, de constituer un vivier de talents. Comme je sais qu'ils sont souvent confrontés à des problèmes d'argent parce que leur situation professionnelle est précaire et qu'entre deux prestations, ils se retrouvent sans emploi, j'ai décidé qu'ils n'auraient pas de cotisation à payer et aucun frais d'inscription. Pour être admis à Talenteis, il n'y avait qu'une seule obligation : avoir un numéro de congés spectacles et donc officiellement le statut d'intermittent. Rapidement, je me suis aussi retrouvé à la tête du plus gros *book* de comédiens en France. Ils étaient mille huit cents sur un total de quatre mille cinq cents inscrits. Talenteis avait tout pour devenir une société rentable.

Au début de cette aventure, j'ai cherché des sponsors qui investissaient dans les start-up. Dès qu'ils apprenaient que j'étais le fils de Bernard Tapie, mes interlocuteurs me disaient d'un air entendu : « Avec la fortune de votre père, je ne vois pas pourquoi vous ne lui demandez pas d'investir… » Je leur répondais que ce n'était pas son secteur d'activité, que c'était ma société, pas la sienne. Alors, ils trouvaient la parade : « Pourquoi vous n'investissez pas vous-même ? » Pour eux, ça coulait de source : si mon père était riche, je l'étais forcément. Quand on est le fils de Crésus, on est Crésus soi-même, ils étaient incapables d'imaginer que je n'avais pas les fonds. J'essayais, en vain, de les persuader, mais je voyais bien qu'ils ne croyaient pas un mot de ce que je leur racontais. J'ai laissé tomber et je me suis mis à chercher un investisseur unique, quelqu'un qui serait prêt à entrer dans le capital de la société. Il fallait pour cela qu'il soit d'accord avec une option que j'avais mise en place et sur laquelle je ne transigerais pas : gratuité pour les intermittents, les rentrées d'argent étant assurées par les maisons de production.

Grâce à mes avocats qui avaient lancé une recherche, j'ai trouvé une possibilité de partenariat. Je voulais une personne physique qui comprenne le concept et ait l'expérience du secteur. J'ai fini par dénicher le partenaire idéal, et pour cause : c'était l'un de mes anciens grands patrons à TF1. Je le connaissais bien, on se tutoyait, nous avions d'excellentes relations.

Je le rencontre donc à maintes reprises et il est emballé par la cohérence du projet. Il pense que c'est assez rentable pour me donner son accord de principe et injecter dans Talenteis un million deux cent mille euros. Un investissement qu'il ne juge d'ailleurs pas colossal par rapport aux retours espérés. Pour une fois, pas une seule référence au fait que je suis le fils de Bernard Tapie. Comme j'étais propriétaire à 100 % des actions de ma société, ma filiation n'entrait pas une seconde en ligne de compte.

L'affaire avance vite, et en juin 2013 nous sommes sur le point de signer un protocole d'accord. Et puis plus rien ; du jour au lendemain, plus aucune nouvelle. Je lui ai téléphoné des dizaines de fois, il ne m'a jamais répondu… C'est tellement plus facile de laisser faire les avocats ! Comme par hasard, ceci se passait juste après la garde à vue de Bernard Tapie dans l'affaire de l'arbitrage du Crédit lyonnais. J'étais écœuré.

Après cet épisode lamentable, j'ai cherché partout des partenaires susceptibles d'investir. Les rendez-vous étaient simples à obtenir, quatre-vingts pour cent des gens qui me recevaient le faisaient par curiosité. Quand j'entrais dans leur bureau afin de débiter pour la centième fois mon laïus, je voyais dans leurs yeux une lueur qui ne trompait pas. C'était la chasse aux infos, ils voulaient des nouvelles fraîches de Tapie et ils étaient sûrs avec moi de puiser à la source. Mais avant d'aborder le vif du sujet, pour me mettre en confiance, ils prétendaient parfaitement connaître Bernard Tapie. Sans états d'âme, ils me racontaient leur rencontre en vacances, les confidences de mon père et à quel point ils s'étaient marrés. D'autres fois, c'était le récit de la réunion à laquelle ils avaient participé ensemble, la complicité qui s'était installée entre eux quand ils avaient partagé leurs points de vue et, bien sûr, l'intérêt que Tapie avait porté à leurs observations. Chaque fois que j'ai demandé à mon père s'il avait rencontré ces personnes, il m'a répondu qu'il n'en avait gardé aucun souvenir…

Flash-back… Je suis donc dans un bureau high-tech, enfoncé dans un canapé confortable. Juste en face, dominant la situation dans son fauteuil cuir et acier, mon interlocuteur, les lunettes vissées sur la pointe du nez, affiche un air important et néanmoins attentif. Je n'ai qu'une idée en tête, qu'il mette son pognon sur la table et que ma société continue d'exister. Lui m'écoute, pose quelques questions, la plupart du temps évasives, et, s'il est particulièrement consciencieux ou profondément hypocrite, griffonne quelques notes de façon à ne pas perdre un mot de ce que je lui explique. Mais je suis conscient qu'une seule chose l'intéresse : obtenir des renseignements sur la situation de Bernard Tapie. Tôt ou tard, ça finira par sortir… Enfin, c'est ce qu'il croit ; sauf que je ne m'épanche jamais sur la vie professionnelle ou privée de mon père. Quand, dans une soirée, on me posait une question sur lui, je répondais : « Et votre père à vous, il fait quoi ? Parce que si vous voulez que l'on parle du mien, il faut d'abord que je connaisse la vie du vôtre… » En général, les questions s'arrêtaient là…

Un de mes amis m'a raconté ce qu'il avait vu et entendu durant un repas où Tapie était le sujet de discussion. Je n'ai aucun mal à imaginer comment ça se passera pour mon interlocuteur, celui qui est censé investir dans Talenteis… Demain ou dans quelques jours, il y aura forcément un dîner en ville avec des gens bien placés, peut-être chez des clients ou des financiers, le genre qu'il faut impressionner. Le service sera parfait, la conversation sérieuse et à un moment, il décidera de passer à l'action. Certain que ça va être son heure de gloire, adroitement, sans avoir l'air d'y porter un intérêt particulier, il fera une remarque en citant le nom de Bernard Tapie. Comme il n'y a rien de tel pour délier les langues, chacun débitera son couplet en bien ou en mal, surtout en mal : « Ah, ce Tapie, quel escroc ! Vous avez vu ce qui vient encore de lui arriver ? » Pour monsieur mon possible investisseur, ce sera le moment ou jamais. À mots comptés, il répétera, *mezza voce*, ce que je lui ai dit ou, plus exactement, ce que je suis censé lui avoir dit… Puis il se lancera dans un exposé de la situation de Tapie, son moral qui est au plus bas (comment l'ignorer quand on est dans le secret des dieux…) avant de marquer une pause. Les convives, la fourchette en l'air, en oublieront de manger. Monsieur l'important, lui, terminera sa bouchée, portera son verre à ses lèvres et dégustera une gorgée de vin avant de poursuivre. Un ange passera. Rompant le silence, son voisin, sans doute plus curieux que les autres, lui demandera : « Mais comment savez-vous tout cela ? » L'autre prendra un air entendu et, avec un sourire un peu méprisant, répondra sur un ton posé : « Cher ami, croyez bien que je ne parle que de ce que je connais. Vous devriez vous en douter, ce sont des informations de première main. Que ça ne sorte pas d'ici, mais j'ai un accès direct… tout à fait direct. » Silence, l'invité majeur aura gagné son titre de noblesse.

*
*   *

Si la curiosité était commune à tous les investisseurs que j'ai démarchés, les autres raisons qui les poussaient à me recevoir n'étaient pas toutes les mêmes. Certains acceptaient de me parler en pensant que c'était un moyen de se mettre bien avec mon père et qu'ils en tireraient avantage ; d'autres estimaient que notre entrevue aurait un certain retentissement et que ça ferait parler d'eux. Et puis, il y avait les moulins à paroles qui commentaient, calculaient et finissaient par s'écrier : « Mais cela ne pose pas de problème ! Pas de souci, c'est comme si c'était fait ! » Ils me promettaient monts et merveilles et comme c'étaient des mecs qui pesaient lourd, je recommençais à espérer. Mais tu as beau attendre que la manne tombe du ciel, tu ne vois rien venir, pas un sou, que dalle !

Quand mon partenaire principal m'a lâché, j'ai appelé mon père, comme je le faisais régulièrement, pour le tenir au courant et pour le prévenir de cette nouvelle péripétie.

– Écoute, je suis dans la galère. Le gars qui devait investir dans ma société me plante royalement à cause de ton histoire…

Ce n'était pas un conseil que je lui demandais, mais qu'il se serve de son carnet d'adresses pour me trouver une solution de rechange, un remplaçant. Il m'a répondu :

– C'est lamentable, j'appelle immédiatement ton avocat.

Après leur entretien, mon père a écrit une lettre lui confirmant que si, dans un délai d'un mois, je n'avais pas un nouvel investisseur, soit il prendrait le relais le temps nécessaire sur le plan financier, soit il investirait personnellement dans ma société. Et il concluait sa lettre par : « Il n'est pas question que Stéphane et Talenteis subissent les conséquences des derniers événements. »

Je lui ai aussitôt téléphoné pour le remercier, même si ce n'était pas vraiment un cadeau. Il allait entrer dans ma société en tant qu'investisseur dormant et, en retour, il serait crédité à la hauteur de ce qu'il avait injecté. Mais je dois reconnaître qu'il n'avait aucun intérêt à le faire, et puis ce qui m'importait, c'était de sauver Talenteis. C'était plus qu'une épine que Tapie m'enlevait du pied, c'était un cactus tout entier. Sauf que… avant que sa promesse ne se réalise, ses biens furent saisis et ses comptes bloqués. L'aventure Talenteis s'est arrêtée là, définitivement.

*

* *

Quand je repense à toutes ces péripéties, à tous ces espoirs avortés, aux problèmes que m'ont valus les diverses affaires de mon père, je me dis que pour rien au monde, je ne voudrais que mes enfants se retrouvent à ma place, qu'ils entendent les mêmes paroles, qu'ils supportent les conséquences du parcours heurté de Tapie. Mais j'ai beau tout faire pour les en préserver, il y a des choses que je ne peux pas empêcher.

En juin 2013, mon fils aîné, Thomas, me dit :

– Je vais passer l'oral du bac et il est possible qu'en voyant mon nom, l'examinateur me demande si j'ai un lien de parenté avec Bernard Tapie. Une de mes profs m'a recommandé de cacher que je suis son petit-fils, qu'est-ce que tu en penses ?

J'ai tout de suite compris que sa professeure, qui l'aimait bien, le conseillait ainsi pour le protéger. C'était, là encore, après la garde à vue de Tapie dans l'affaire de l'arbitrage du Crédit lyonnais. Tout le monde avait vu les images dans les médias, l'actualité était brûlante. Que l'examinateur lui pose cette question, c'était plus que probable. Moi-même, encore aujourd'hui quand je téléphone à un dépanneur, j'entends chaque fois le même refrain :

– Tapie ? Comme Bernard ?

– Oui. Et comme Stéphane, aussi !

Là, il y a toujours un blanc… Je m'en sors toujours avec une pirouette, mais je ne suis pas en train de passer l'oral d'un examen… Que répondre à Thomas ? Il aurait pu en parler directement à son grand-père, mais ce n'est pas dans ses habitudes. Je n'ai pas élevé mes enfants dans le culte du grand homme, dans cette forme de proximité. Quand il passait à la télévision, même dans une grosse émission, je ne leur disais pas : « Les enfants, venez vite ! Votre grand-père est à la télé ! » Ceux que ça intéressait le regardaient peut-être ensuite sur Internet, mais je n'organisais pas de séance de visionnage. Moi, je regardais son intervention dans mon bureau ou dans le salon ; s'ils souhaitaient venir, pas de problème, mais je ne les y encourageais pas.

En revanche, ils savaient que Tapie m'appelait aussitôt que c'était terminé : « Alors ? » Comme je dis toujours ce que je pense, il se doutait bien que je n'allais pas tergiverser. Éventuellement, il écoutait mes critiques et il raccrochait avec un « Bon, salut, merci, mon bébé ! » (Eh oui ! Quel que soit mon âge, je suis toujours resté son bébé !) Il n'y avait pas de discussion, pas de confrontation d'idées. Et il valait mieux, je ne suis pas dans le registre de Don Salluste : « Flattez-moi, mon bon Blaze ! », je n'aurais pas changé d'avis, et lui non plus. Parfois quand même, comme je connais bien la télévision, je lui donnais un avis de professionnel.

– Là, dans le développement, tu as été bon, mais sur cet autre point, ce n'est pas passé…

– Ah, tu es sûr ? Tu as vraiment regardé ?

– Non, t'as raison, j'étais en train de faire un puzzle…

Tout cela pour expliquer que mes enfants avaient gardé une certaine fraîcheur par rapport à leur grand-père. Quand ils arrivaient l'été sur son yacht, ils étaient émerveillés : « Waouh ! » Ils faisaient des tonnes de selfies et me demandaient s'ils pouvaient les mettre sur Facebook. Ils ne prenaient pas un air blasé : « Ouais, c'est le bateau de notre grand-père, il est pas mal… » En clair, ils n'ont jamais été pourris.

Quand Thomas vint me voir avant l'oral de son bac, il ne cherchait pas mon aval, il avait besoin d'un avis. Mon rôle, c'est de l'aiguiller, pas d'interdire ou de donner mon accord. Comme je n'étais pas convaincu de ce que je devais lui répondre, j'ai essayé d'être le plus prudent possible.

– Dans le doute, réponds à l'examinateur que tu ne fais pas partie de la famille de Tapie, ne dis surtout pas que tu es son petit-fils. Si tu as une sale note, ce sera de ta faute, mais uniquement parce que tu ne savais pas. En revanche, si tu as une bonne note, ce sera grâce à tes connaissances.

Je n'ai jamais encouragé mes enfants à se servir du nom de Tapie, ni ne les ai découragés de le faire, mais là, il y avait un risque sérieux que ce nom desserve mon fils. Voilà pourquoi je lui ai conseillé de mentir. C'était la première fois que je réagissais de cette façon avec l'un de mes enfants et je n'ai pas été étonné que le problème se pose avec Thomas. De tous, c'est le plus sensible, le plus écorché. Il est comme moi, il ne supporte pas l'injustice ni l'intolérance. Si l'examinateur est partial, il est capable de se lever d'un bond et de partir.

Quoi qu'il en soit, Bernard Tapie a toujours provoqué des réactions extrêmes qui allaient de l'adulation à la détestation. Pour ses enfants comme pour ses petits-enfants, il a fallu apprendre à marcher entre les gouttes en essayant au maximum d'éviter l'averse et d'être mouillés. Mais ce qui était insupportable, c'est qu'un gamin qui doit passer l'oral d'un examen soit préoccupé par des problèmes de ce genre, par des pensées parasites.

Même ma petite dernière, Lola, du haut de ses six ans, était concernée. Toujours au moment de la garde à vue de Tapie en juin 2013, je regardais les infos et, bien évidemment, on parlait de lui. Elle voit sa photo à la télévision et entend le mot « escroquerie ». Elle se tourne vers moi et me demande :

– Pourquoi il y a la photo de Daddy à la télé ?

Que répondre à une enfant de cet âge ? Pris au dépourvu, je bredouille :

– Je ne sais pas…

Elle insiste :

– Papa, c'est quoi une « escrorie » ?

Pendant que je réfléchis à ce que je vais bien pouvoir lui raconter, elle continue :

– Le monsieur, il a dit Bernard Tapie. Daddy, il s'appelle Tapie comme moi ?

Je m'en suis sorti avec une pirouette en disant que Daddy avait fait de la télévision…

Bien sûr, comme ça commençait à devenir sérieusement problématique, j'aurais pu aller voir mon père à ce propos, mais à quoi cela aurait-il servi ? Je n'en ai pas parlé avec lui. Il était forcément conscient des dommages que tout cela pouvait causer, au-delà de ses enfants, à ses petits-enfants. Et s'il m'avait répondu que ce n'était pas le cas, je lui aurais dit : « Est-ce que tu es capable d'imaginer trente secondes que tes proches n'ont pas ta force morale et physique ? Qu'ils ne peuvent pas supporter les conséquences de ce que tu vis ? »

Il n'était pas question que mes enfants pâtissent des déchaînements de haine qui entouraient leur grand-père comme j'ai pu en souffrir. Sauf que moi, j'ai eu aussi des avantages. Quand j'avais leur âge, Bernard Tapie était porté aux nues, à tort, comme le symbole même de la réussite dans tout ce qu'elle peut avoir de positif. Mes enfants, quant à eux, n'entendaient parler de leur grand-père – toujours à tort – que comme le symbole du plus grand escroc de la planète dans tout ce qu'il peut y avoir de négatif.

*

*   *

Certains vont croire, à raison, qu'en contrepartie de tous ces désagréments (le mot est faible !), il y avait des avantages matériels qui compensaient largement ce genre de contrariétés. C'est vrai, pourquoi se plaindre ? L'été, si ça nous chantait, on pouvait tous aller deux semaines sur son bateau de soixante-quinze mètres de long, il était assez grand pour cela. On pouvait également occuper sa maison de

Saint-Tropez pour profiter de la piscine, du soleil et des cigales. Voilà pour les avantages…

Je ne cherche pas à me montrer ingrat ou à faire pleurer sur mon sort, ce serait indécent. En cette période de crise, nombreux sont ceux qui sont dans une situation dramatique et mille fois plus à plaindre que moi. Je suis certain qu'ils seraient très heureux d'avoir un père qui les accueille ou les aide à se loger. Mais, sur le plan financier, Tapie n'a jamais été mon sponsor.

À une époque, le rêve de mon père, c'était de nous installer tous, enfants et petits-enfants, dans son hôtel particulier de la rue des Saints-Pères. Une sorte de clan rassemblé sous l'aile du patriarche dominateur. Psychologiquement, je pense qu'il avait absolument besoin de ce clan familial, c'était son alibi pour ne pas donner l'impression que c'était par intérêt personnel qu'il se lançait dans des aventures pas possibles. Au départ, quand il s'investissait corps et âme dans une nouvelle entreprise, il le faisait forcément pour lui-même parce qu'on ne peut pas échafauder d'aussi grands projets en tenant compte des autres. Et puis, quand le résultat était satisfaisant, il le justifiait, en toute sincérité, comme étant destiné à autrui…

Tapie ne l'a jamais avoué, mais sa justification personnelle, quand il décrochait le jackpot, était de garder intacts ses capitaux pour monter et remonter des affaires. Quand il a gagné ses procès après l'arbitrage dans l'affaire du Crédit lyonnais et qu'il a touché quatre cents millions d'euros, pour lui, c'était un capital qui devait être immédiatement investi afin de se multiplier. S'il y avait bien un homme qui savait faire de l'argent, c'était lui ! Il avait un sens incroyable de l'entreprise et un flair qui ne le trompait pas. Il a réalisé des coups énormes et parfois contre des avis très autorisés. Mais une fortune ne se construit pas en lançant des dés, ce n'est pas toujours évident. Il y a souvent des paris risqués et de grands moments de tension, mais Bernard Tapie aimait ce jeu dangereux. Avec lui, tout était business, il était l'archétype du businessman…

Aujourd'hui, j'ai passé la cinquantaine et j'ai vécu longtemps avec une famille recomposée de sept enfants. Trois, deux garçons et une fille, que j'ai eus d'une première union ; et trois filles que mon épouse Marie-Laure a eues avant de devenir ma femme et enfin notre petite dernière, Lola qui a aujourd'hui 13 ans. Comme j'avais la garde alternée de mes trois aînés, nous vivions souvent tous sous le même toit. Je n'ai jamais fait aucune différence entre les enfants. Pour moi, il n'y a pas de demi-frères, de demi-sœurs ou de belles-filles. L'amour ne se calcule pas en demis. On aime ou on n'aime pas, c'est tout.

Ma famille, c'est une tribu. La protéger, c'est un devoir, plus qu'une obligation, un besoin viscéral. Si j'avais dû renier père et mère pour mes enfants, s'il avait fallu changer de nom pour les mettre à l'abri, je l'aurais fait. Si, pour protéger mes enfants, j'avais dû les éloigner de leur grand-père de son vivant, je n'aurais pas hésité. Mais Dieu merci, rien de cela n'a été nécessaire. Au fil du temps, je suis passé du statut de « fils de » à celui de « père de ».

Le seul bémol que je mettais à mon désir sincère de voir Tapie lever le pied, c'est qu'en tant que citoyen, je souhaitais qu'il revienne en politique et au plus haut niveau. J'ai toujours pensé qu'il aurait pu être un excellent président de la République. Il avait toutes les qualités pour exercer cette fonction : la connaissance des leviers économiques, la détermination, le charisme, la culture, le souci du détail et, paradoxalement par rapport à son personnage, la générosité, car en politique, il était généreux.

J'y reviendrai plus tard et en détail dans ce livre, mais je n'ai jamais senti mon père aussi vrai qu'à l'époque où il était ministre de la Ville dans le gouvernement de Pierre Bérégovoy. Il éprouvait un immense respect pour cette fonction et il se sentait investi d'une réelle mission. C'est la seule fois où je l'ai vu aussi sincère, aussi humble et désintéressé. Il était enfin capable de donner sans rien espérer en retour. Tapie était un autre homme, totalement différent de ce qu'il était d'ordinaire, ce qui ne m'a pas surpris. Je le trouvais enfin à sa place. Je pense qu'il a éprouvé le besoin de rendre à la vie, à son pays, ce qui lui avait été donné, ce qu'on lui avait permis de faire.

Ce ministère avait été créé spécialement pour Bernard Tapie ; par le passé, il n'y avait eu que des secrétaires d'État à ce poste. Lui, il était sur le terrain, en contact direct avec les jeunes des cités, en particulier à Montfermeil où il a fait en sorte que des gens qui ne se parlaient plus depuis vingt ans communiquent à nouveau. Pour cela, en 1992, il a organisé un match de foot avec les plus grandes stars de l'époque : Michel Platini, Jean-Pierre Papin, Alain Giresse, Jean Tigana... L'événement a été une énorme réussite. Parfois, je pense que j'aurais bien aimé être un jeune banlieusard au moment où Tapie était ministre de la Ville. J'aurais eu l'impression de raconter mes problèmes à quelqu'un qui les comprenait. Et comment aurait-il pu en être autrement ? Tapie était issu d'un milieu très modeste de la banlieue parisienne. Juste à côté du deux-pièces où ils vivaient à quatre, il y avait un gymnase. C'était sa deuxième maison, Tapie y passait son temps avec ses potes. La banlieue, ministre ou pas, c'était sa cour.

Quand Tapie a racheté les journaux du Sud, la gauche comme la droite se sont affolées. Elles le voyaient déjà à la mairie de Marseille… Même si, comme il l'a dit – et je le pense, en toute sincérité –, il ne visait pas la mairie, consciemment ou inconsciemment, Tapie n'avait pourtant qu'une envie : retourner en politique. Il n'avait pas fini son boulot et c'était un homme qui aimait bien terminer ce qu'il avait commencé. Mais sa femme était radicalement contre et s'y est opposée formellement, sous peine de divorcer. Je pense qu'une fois lui avait suffi, elle avait compris ce que l'engagement politique de son mari déchaînait. Dans le couple, il faut bien qu'il y en ait un sur les deux qui comprenne… Elle était la seule que Tapie écoutait et qui était capable de le modérer, la seule à lui dire quand il était en ébullition et qu'il avait déjà la main sur le téléphone : « Stop, mets le frein deux minutes, n'appelle pas tout de suite, réfléchis bien avant de t'emballer... » Je pense qu'elle le connaissait mieux qu'il ne se connaissait lui-même. Elle a donné un coup d'arrêt à la carrière politique de Tapie, mis son veto, et ce n'était pas négociable. Mon père s'est tenu à carreau.

## – 4 –

## « Fils de » : c'est pas gagné !

Pour exister dans l'ombre de Bernard Tapie, on n'avait pas le choix, on devait toujours être meilleur que les autres. Il n'y a qu'à voir ma petite sœur, Sophie. Déjà quand on est une femme et que l'on obtient le même salaire qu'un homme, il faut, à travail égal, être deux fois plus brillante et bosser trois fois plus. Elle, de surcroît, c'est la fille de Bernard Tapie et sa passion, c'est de chanter. Quand, en 2013, elle a participé à l'émission *The Voice* sur TF1, il y a eu tout une polémique dans la presse. Mon père aurait passé des coups de fil et magouillé pour qu'elle gagne. Il suffisait d'entendre chanter Sophie pour s'apercevoir qu'elle n'avait pas besoin de ce genre d'interventions, mais quand on est la fille de Nanard, rien n'est simple. Sophie a été blessée par ces ragots, elle n'a pas ma carapace. Mais si elle est vulnérable, c'est ma faute et celle de mon père. Quand il est allé en prison pour l'affaire OM-VA, c'était une petite fille. Moi, j'étais un adulte et j'avais le recul nécessaire pour faire la part des choses, essayer de comprendre et analyser la situation. Elle, c'était un bébé. Quand tu vas à l'école, que les copines te disent : « Où il est ton père ? » et que tu réponds : « Il est en prison… », ce n'est pas évident. Alors, pour compenser, toute la famille l'a couvée, protégée et surprotégée. Je l'ai prise sous mon aile et, peu à peu, s'est créé entre nous un lien indestructible. J'ai vingt ans de plus que Sophie, mais nous partageons un amour et une complicité extraordinaires. Nous nous ressemblons tellement que parfois, j'ai l'impression que c'est mon clone…

Sophie a un tempérament d'artiste et comme elle ne se contente pas de chanter, mais compose également, je l'ai accompagnée pour faire la tournée des maisons de disques afin de produire son album. Chaque fois, le gars qui nous recevait me demandait :

– C'est vraiment Sophie qui a écrit les paroles ?

Et comme je répondais par l'affirmative, il ajoutait comme s'il était surpris :

– Mais c'est très bien !

Puis, il se tournait vers ma sœur.

– Ah, je suis content que tu écrives, c'est parfait, ça va te donner une crédibilité…

Pourquoi une telle réflexion ? Chanter en étant la fille de Tapie, ce n'est pas crédible ? À force, je n'ai pas pu m'empêcher d'intervenir et de demander :

– Excusez-moi, je ne me souviens plus, combien de chansons Céline Dion a-t-elle écrites ? Je dois perdre la mémoire, mais impossible de m'en souvenir…

Sophie n'est pas ma sœur pour rien, elle aussi peut avoir des réactions épidermiques. Lors d'un rendez-vous, comme on lui répétait le même refrain, que ses talents de compositrice allaient lui donner une légitimité et qu'elle écrivait bien, elle a répondu :

– Vous savez, ça dépend des jours. Parfois, je tiens mon stylo entre mes orteils et ce jour-là, j'écris comme un pied…

Les réactions de tous ces mecs m'ont sidéré. Si Sophie veut avoir le droit de chanter, pour qu'une maison de disques parie sur elle, il faut qu'elle fasse bien plus que chanter. Quand on est la fille de Bernard Tapie, être interprète ne suffit pas et pour une raison évidente : nous, les « fils de » ou les « filles de », on n'a pas le droit d'exister. C'est vrai, quand on a un père riche et célèbre, qu'est-ce que c'est que cette idée démente de vouloir exister ? Les gens se disent : « Et puis quoi encore ? Déjà qu'on se tape le père, on ne va pas se taper ses gosses en plus ! » Et si, malgré tout, nous voulons nous faire une place dans la société, on a intérêt à jouer des coudes et même des pieds, et encore, on n'est pas sûrs d'y arriver. Anthony Delon a tout essayé pour briller en pleine lumière comme son père. L'ennui, c'est qu'il a choisi d'exercer le même métier que lui et, quoi qu'il fasse, toute sa vie, il sera comparé à Alain Delon. Personne ne reconnaît qu'il a du talent parce qu'il est le fils d'un monstre du cinéma. La carrière de son père est exceptionnelle et inégalable, il a en face de lui un monument. Les gens n'ont aucune indulgence pour Anthony, ils ne lui passent rien, même pas les bêtises qu'il a faites il y a très longtemps, dans sa jeunesse. C'est vrai, à une époque, il a volé une voiture, ce qui a déchaîné la meute hurlante des journalistes et provoqué un scandale. Mais il n'avait pas vingt ans et il a payé pour cela. Alors que l'on parle en permanence de tolérance et de deuxième chance, lui n'a jamais eu droit à la rédemption. Pourquoi ? Parce qu'Anthony ne peut pas se permettre la moindre erreur, c'est un « fils de »…

Pour la grande majorité du public, les soucis, les souffrances, les chagrins des « fils de » sont forcément des souffrances de gosses de riches, donc pas grand-chose. Pourtant, quand j'ai perdu ma maman en 2000, que je sois riche n'a rien changé, je l'ai perdue et j'ai eu autant de chagrin que n'importe qui. Mais ça, les gens s'en foutent. Nos états d'âme leur passent au-dessus de la tête. Pour eux, nous sommes de sales petits richards, de sales petits cons. Mon boucher, il est le fils de son père et c'est son père qui possédait la boucherie avant lui. Quand le fiston a pris la succession, tout le monde était ravi, les clients comme l'entourage. Alors, c'est vrai, pendant des années, le fiston s'est peut-être levé à 4 heures du matin pour découper des carcasses… mais peut-être aussi que le fils de Bernard Tapie, à 4 heures du matin, il n'était pas encore couché et toujours en salle de montage… Pour l'opinion publique, quand les fils de riches passent une nuit blanche, ce n'est jamais pour bosser, mais parce qu'ils écument les boîtes en faisant fumer la carte bleue de papa. À croire que nous naissons avec un gène de glandeur. Il ne vient à l'esprit de personne que pour être compétitifs, nous sommes obligés de travailler d'arrache-pied, et ce quel que soit notre secteur d'activité. Mais rien à faire, découper des steaks, c'est nettement plus noble que de gérer une société ou le patrimoine familial. La sueur du boucher n'a pas la même odeur que la nôtre ; chez nous, elle sent mauvais. Nous sommes de la mauvaise graine, des fainéants.

On peut toujours lutter contre les *a priori*, mais il faut être tenace parce que c'est loin d'être gagné. Cela dit, le pire pour moi, c'est quand je rencontre un gars que je n'ai jamais vu de ma vie, que peu à peu on fait connaissance et qu'il finit par me dire : « Je dois t'avouer que j'avais des préjugés sur toi, mais, en définitive, tu es vraiment sympa… » Il pensait quoi ? Que parce que nous sommes les enfants d'une personnalité, dans notre ADN il y a le chromosome de la connerie ? Comment peut-on avoir un jugement tout fait sur une personne que l'on n'a jamais vue ?

À ce sujet, je me souviens d'une anecdote très significative… C'était en 1990, j'avais vingt et un ans et j'allais faire mes premières armes à TF1 comme animateur. Chaque année, début septembre, il y avait une conférence de presse pour dévoiler aux journalistes les nouveaux programmes et les nouvelles têtes. Tout le gratin de la chaîne était présent, et Étienne Mougeotte, le vice-président, devait me présenter. À l'époque, personne ne me connaissait ni ne savait à quoi je ressemblais.

Je fais la queue comme tout le monde, je remets mon invitation et je pénètre dans la salle où va avoir lieu la conférence des chefs. Comme j'ai horreur d'être en retard, je suis largement en avance et, discrètement, je m'assieds dans un fauteuil. Juste devant moi, trois journalistes sont en train de discuter, et j'entends :

– Il paraît qu'ils vont nous présenter le fils Tapie…

Et là, une fille qui fait partie du trio s'exclame :

– Mais je le connais !

– Alors, raconte, il est comment ?

– C'est un petit con !

– Tu l'as déjà interviewé ?

– Oui, bien sûr, je l'ai eu en interview la semaine dernière. Tu vas voir, c'est un abruti. Il ne fout rien de sa vie et, en plus, il est d'une prétention !

Ce qui était extraordinaire, c'est que je ne connaissais absolument pas cette fille, je ne l'avais jamais rencontrée. J'aurais pu intervenir et lui dire qu'elle racontait n'importe quoi, mais j'ai préféré me taire.

C'est alors que l'un des grands patrons de TF1 entre dans la salle, arrive à ma hauteur et me dit en me serrant la main :

– Ah, Stéphane, comment vas-tu ?

Puis, il remarque les trois journalistes, les salue et, me désignant, leur dit :

– Je vous présente Stéphane Tapie.

Avant qu'ils aient le temps de répondre, je me lève et je m'adresse à la fille en souriant.

– Mais on se connaît ! Vous n'avez pas oublié, j'espère… Vous savez, je suis le petit con que vous avez interviewé la semaine dernière, l'abruti prétentieux. Vous ne vous souvenez pas ?

Ses confrères l'ont regardée d'un drôle d'air, elle s'est enfoncée dans son fauteuil et a répondu :

– Mais c'était pour rigoler…

J'ai éclaté de rire avant de lancer :

– C'est clair, on se fend la poire !

Je n'avais qu'une vingtaine d'années, mais déjà, je ne faisais aucun effort pour plaire à ceux qui ne m'aimaient pas. Jamais, pas une seule fois, je ne me suis demandé : « Je suis le fils de Tapie, comment ça va être pris ? » Si j'écoutais les autres, tous ceux qui me dénigrent sans me connaître, il faudrait que je sois en permanence en train de faire mes preuves, que je les persuade que je mérite de vivre et d'être à la place que j'ai. Je n'ai strictement rien à prouver à ces gens-là !

Leurs sarcasmes, leurs jugements tout faits, la mauvaise image qu'ils ont de moi, très sincèrement, je m'en moque, cela ne me touche pas. Si j'ai éclaté de rire devant cette pseudo-journaliste qui prétendait m'avoir rencontré pour mieux m'enterrer, c'était pour bien lui montrer que je n'avais rien à faire de ses jugements de valeur, qu'ils soient ou non justifiés.

Ce ne fut pas la première ni la dernière fois que quelqu'un se permit de me juger de but en blanc sans savoir qui j'étais réellement. Régulièrement, il m'arrive de voir de la haine dans les yeux d'une personne qui est en face de moi. Mais je ne veux pas être systématique, j'y vois aussi parfois de la bienveillance ou de la sympathie. La preuve…

Un jour où je venais malencontreusement de brûler un feu rouge et où j'avais oublié d'attacher ma ceinture, alors que j'étais au téléphone (en plus !), comme il fallait s'y attendre, je me fais arrêter par un flic.

– Monsieur, s'il vous plaît, garez-vous immédiatement ! Papiers du véhicule, permis de conduire !

C'est tout juste s'il n'avait pas la main sur le pistolet. Le policier regarde mes papiers et s'étonne :

– Tapie ? Ça a un rapport avec Bernard ?

À son accent, je reconnais le bon Marseillais exilé dans la capitale et je pense aussitôt que c'est mon jour de chance.

– Oui, c'est mon père…

– Ah, c'est génial, je l'apprécie beaucoup ! Mais ça fera quand même six points en moins sur votre permis !

– Entre Marseillais, on ne peut pas s'arranger ? On boit un café et on discute…

– Si, on peut aller boire un verre, ça me fera plaisir, mais c'est tout. Vos points, ils vont tout de même vous être retirés.

– Bon, eh bien, merci monsieur l'agent.

– À votre service, Monsieur. Et n'oubliez pas de passer le bonjour à votre père de ma part !

À la différence de ce flic qui n'avait pas d'a priori et qui n'a fait que son boulot, il y a tous ceux qui étaient, et qui restent, persuadés que Tapie était une raclure et que j'en suis obligatoirement une aussi puisque je suis son fils. J'ai encore un souvenir cuisant de la façon dont j'ai été traité dans un hôpital parisien. Non seulement à cause de la douleur, mais aussi à cause de l'agressivité gratuite que ma présence a suscitée. Pas un instant, je n'ai été considéré comme n'importe quel patient.

Être le fils de Bernard Tapie réserve aussi parfois des surprises, surtout quand on se retrouve dans un hôpital parisien pour une méningite… C'était en 1995, et en me levant le matin, j'ai ressenti un violent mal de tête avec une barre derrière la nuque. Je ne suis pas hypocondriaque, et là, ce n'était pas une petite migraine, mais une douleur qui me martelait le crâne et me donnait l'impression d'avoir le cerveau dans un étau. Pire, je ne supportais pas la lumière. J'appelle un de mes amis médecin, qui arrive rapidement. Son diagnostic ne tarde pas.

– C'est une méningite. On part tout de suite pour l'hôpital !

Je prépare mon sac, et nous fonçons aux urgences. Mon médecin explique :

– Forte suspicion de méningite, il faut une ponction lombaire pour en être sûr.

La secrétaire vérifie mon identité, et je la vois écrire discrètement sur mon dossier :

« Attention, Stéphane Tapie ! » La fiche circule de main en main, et je remarque que cet avertissement ne laisse personne indifférent… À l'époque, sans parler de mon nom, j'étais animateur à la télévision et ma tête était connue. Quand je suis arrivé à l'accueil, le personnel a tout de suite fait le rapprochement et a appelé le chef des urgences. Sauf que le chef des urgences, il y avait longtemps qu'il était passé à des tâches plus nobles. Il ne devait plus pratiquer de ponction lombaire depuis des années et laissait la corvée aux larbins, aux internes qui, eux, en faisaient toute la journée. Mais là, c'était le fils de Bernard Tapie…

Toutes affaires cessantes, le chef des urgences m'installe dans la salle de soins et pique ma colonne vertébrale pour en extraire du liquide céphalo-rachidien. Erreur de trajectoire, il se plante une première fois.

– Je suis sur l'os, je suis passé à côté, je vais recommencer ! me dit-il avant de me repiquer.

Il allait se refaire la main sur mon dos… Heureusement, un interne est venu me glisser en douce :

– Il vaut mieux que ce soit quelqu'un d'autre.

Comme je n'en pouvais plus d'être piqué et repiqué, je demande à haute voix :

– Qui a pratiqué une ponction lombaire récemment ?

Il y en avait trois dans la salle, qui se sont levés d'un coup. J'avais un mal de chien et comme le chef des urgences était prêt à me trouer une fois de plus la peau, je lui ai lancé, excédé :

– Vous arrêtez tout de suite, je ne le répéterai pas, ou ça va aller mal !

Il m'a regardé d'un drôle d'air, n'a pas protesté, mais il devait penser : « C'est bien ma veine, ça m'arrive avec lui ! » Pendant qu'il laissait la place à un petit nouveau qui, à son tour, s'appliqua à me soutirer un peu de liquide, l'infirmière m'avoua sur le ton de la confidence :

– Vous avez eu une bonne idée de changer, la dernière ponction lombaire du chef des urgences date de six ans…

Voilà ce que c'est d'être le fils de Bernard Tapie. J'avais une méningite, comme par hasard une veille de week-end, et en découvrant qui j'étais, le chef avait voulu faire du zèle…

Le lundi matin, j'étais hospitalisé depuis trois jours. Les résultats des analyses étaient tombés, c'était bien une méningite, mais pas une forme très sévère. Il était 7 heures et je n'avais eu jusque-là comme traitement que du paracétamol. J'étais en train de prendre un café en regardant les infos à la télé quand, brusquement, une femme entre dans la chambre. Pas seule, mais suivie d'une dizaine de personnes, toutes en blouse blanche. Aucun bonjour et, d'autorité, elle éteint la télévision. Elle se saisit de mon dossier, le consulte, relève le nez et déclare à haute voix à l'attention de ses étudiants :

– Nous avons là un cas typique de méningite !

Pas une fois, depuis son entrée dans la chambre, elle ne s'était adressée à moi ou ne m'avait même simplement regardé dans les yeux. Je la coupe dans son exposé et lui demande :

– Allô… vous êtes qui exactement ?

– Je suis la médecin-chef de ce service et je fais la visite matinale !

– Vous étiez où ce week-end ? Vous jouiez au golf pendant que je me tordais ? Parce que je n'ai vu personne et là, vous débarquez à dix. Ils font quoi dans ma chambre ?

– Je vous signale que ce sont des étudiants. Vous êtes dans un hôpital universitaire…

– Alors, vous savez quoi ? Vous sortez, vous frappez à la porte poliment, je vous dis d'entrer, vous vous présentez, vous me demandez si cela ne me dérange pas que vos étudiants assistent à la consultation et nous repartons tous les deux d'un bon pied !

À ce moment, la cheftaine du service se tourne vers ses étudiants et, comme si elle allait manquer d'air, leur sort, indignée :

– Vous avez devant les yeux le comportement type d'une célébrité !

La souffrance aidant, à cet instant, je pète un câble. C'est plus fort que moi, je lui balance toute une tirade.

– Quelle célébrité ? Je suis allongé depuis trois jours avec juste un peu de paracétamol, et toi, tu arrives et tu déclares que je me conduis mal parce que je suis une célébrité ? Tu es médecin, tu es là pour me soigner, pas pour entrer dans ma chambre sans un bonjour et éteindre la télé !

Et voilà que, sans me calculer, elle lance à ses étudiants, comme si elle était dans un hôpital psychiatrique et se penchait sur le cas d'un interné :

– Réaction exacerbée caractéristique des personnalités…

Là, la coupe déborde, trop, c'est trop. Je rugis :

– Puisque vous affirmez que je suis une célébrité alors que, pour l'instant, je n'en ai que les désavantages, je vais me comporter en tant que telle ! Je ne veux plus vous voir !

J'ai remué ciel et terre, et elle n'a plus jamais remis un pied dans ma chambre.

En l'espace de quarante-huit heures, les médecins m'ont fait tous les examens possibles. Et deux ponctions supplémentaires, deux ! J'avais d'énormes hématomes aux endroits qui avaient été piqués lors du premier examen, il a fallu passer à travers et j'ai souffert le martyre. Mais les médecins n'avaient qu'une idée en tête : ouvrir le parapluie pour se couvrir au cas où il arriverait quelque chose au fils de Bernard

Tapie et s'employer pour me relâcher en bon état, si possible en meilleure santé…

J'ai préféré ne pas prévenir mon père de ce qui m'arrivait. Cela valait mieux, du moment que c'était viral et que le processus vital n'était pas engagé. Tapie aurait été capable de révolutionner l'hôpital et de me faire transférer n'importe où. Si j'étais tombé malade dans le désert, il aurait fait construire un hôpital à l'emplacement même où je me serais arrêté. Dans ces moments-là, il était capable de déplacer des montagnes…

Ce que je trouve incroyable, c'est que même malade, j'avais eu l'impression de devoir me justifier d'être le fils de Tapie. Sauf qu'il était hors de question que je me justifie de quoi que ce soit. C'est d'ailleurs peut-être le pire, cette obligation de se justifier de tout et pour tout. Si j'ai une maison ou une moto, je dois me justifier, car l'idée ne vient à personne que j'ai travaillé pour l'avoir. Tout est suspect chez un « fils de ». Le jour de ma naissance, c'est forcément tombé tout cuit. Si j'ai le malheur de dire « j'ai un bateau », obligatoirement, c'est un yacht avec je ne sais combien de membres d'équipage en grande tenue qui me font une haie d'honneur lorsque je monte à bord. Quand j'y pense, je ne peux pas m'empêcher de rigoler. La vérité, c'est que mon bateau, c'est un semi-rigide de six mètres vingt de long. Quand toute la famille embarque, il y a intérêt à se serrer et à ne pas trop bouger... Il a un tout petit moteur, ce n'est pas une bête taillée pour la course, mais ça présente un avantage : je ne risque pas d'être arrêté par les garde-côtes pour excès de vitesse. Ce bateau, je m'en sers pour aller pêcher avec mes enfants, et comme il a un fond plat, je coupe le moteur, on se laisse glisser *on the beach* ; autrement dit, on accoste directement sur la plage. Voilà pour le yacht ! Et ce n'est pas une plage du bout du monde. Depuis trente-cinq ans, c'est la même. Chaque été, je suis invité en Corse chez des amis. D'accord, c'est une belle villa avec vue sur un golfe magnifique, celui de Porto-Vecchio. Et alors, où est le problème ? En admettant même que cette villa soit à moi, si j'avais travaillé dur pour l'acheter, je ne la mériterais pas ? De toute façon, que j'en sois propriétaire ou non, ça ne change rien. Ce n'est pas pour autant que les gens qui me regardent de travers auront la même. Mais peu importe, ce qu'ils veulent, c'est que je sois comme eux, dans la panade de préférence et en train de passer mes vacances au camping de la Prairie. Eh bien, ne leur déplaise, j'y suis allé toute ma jeunesse, au camping de la Prairie. Ils peuvent vérifier, c'était à Cabourg, juste à côté du camping de la Plage qui était beaucoup plus chic que le mien… Chaque année, j'y étais avec tous mes copains ; et quand je n'étais pas dans la caravane de mes grands-parents, je partageais la tente de mes cousins. J'étais très heureux et j'en garde un bon souvenir, mais vous savez quoi ? Je vous garantis que mes vacances corses dans une super villa avec piscine et une vue du tonnerre sont bien plus agréables !

Dernièrement, j'engage la conversation avec une petite dame assise à côté de moi à la terrasse d'un café. Elle me raconte qu'elle est bibliothécaire à la retraite et qu'elle a travaillé dur toute sa vie. À force d'économiser, elle a réussi à réaliser son rêve : s'offrir le manteau de vison qu'elle voyait dans la vitrine d'un dépôt-vente. Mais son rêve a fait long feu, elle n'ose plus le porter. Chaque fois, elle entendait des réflexions et pas uniquement de la part de défenseurs des animaux. C'étaient des gens de la rue qui se méprenaient sur ses moyens et la prenaient pour « une vieille peau » bourrée aux as. Voilà dans quelle France nous vivons ! Alors, la réaction des « autres », je m'en tape comme de ma première liquette. S'ils se sentent agressés par mon mode de vie et ma personne, c'est leur problème, pas le mien. Seul le regard des gens qui m'aiment et que j'aime m'importe, seul leur avis compte à mes yeux. Alors, tant pis si certains pensent que c'est mon père qui m'a « alimenté » ; que nous, les « fils de », on n'a pas de mérite puisque nous sommes nés avec une petite cuillère en or massif dans la bouche. Tandis que le fils du boulanger, n'est-ce pas, c'est une autre histoire, on lui fait confiance, c'est un brave gars. Mais qu'est-ce que les gens croient ? Que je ne gagne pas ma vie et que tout m'a été donné ? Que je ne paie pas ma baguette comme tout le monde et que le boulanger me l'offre parce que je m'appelle Tapie ? Et puis, il y en a marre de penser qu'il faut avoir crevé de faim pour connaître la valeur des choses. Mes valeurs, ce sont celles qui m'ont été transmises et que je transmets à mon tour à mes enfants. Cela n'a rien à voir avec le fait d'être riche ou non et de vivre dans le luxe, ce qui n'est pas mon cas d'ailleurs. Ce que j'enseigne à mes gosses, c'est que le travail est la plus belle des récompenses. Si tes enfants mangent à leur faim, si tu peux les emmener en vacances, c'est grâce à ton travail et elle est là ta récompense. C'est pourquoi je me fous de savoir s'il y a beaucoup de chiffres sur mon compte en banque tant qu'il n'est pas dans le rouge. Tout ce qui m'intéresse, c'est que mes enfants soient heureux.

Je ne passe pas un jour sans avoir de leurs nouvelles et je me félicite des relations que j'entretiens avec eux. Je ne leur cache rien et en retour, ils me considèrent comme un ami. Ils savent que je ne suis pas obtus et quand, plus jeunes, ils m'ont confié qu'ils fumaient des pétards, je ne leur ai pas hurlé dessus. Qu'est-ce que j'aurais pu leur dire ? Que c'était le diable ? J'aurais dû le leur interdire radicalement ? Il ne faut pas rêver ! Alors, je leur ai conseillé de fumer de l'herbe, pas du shit. L'herbe, elle n'est pas coupée avec plein de saletés. Pour faire plus de profit, les dealers coupent le shit avec du sable, du caoutchouc, du henné et je ne sais quoi encore. Parfois, ils ajoutent de l'opium pour créer une forte dépendance, et après, ils profitent du fait que le môme est accro pour lui vendre de la coke.

Je refuse de me voiler la face et je ne crois pas au père Noël. Qui n'a jamais fumé un pétard ? Quand j'entends des parents affirmer : « Non, mon enfant ne fume pas, je le lui ai strictement interdit ! », je me marre. Un jour, ils vont retrouver leur gosse dans un trafic ou dans un hôpital parce qu'il aura fait ou pris n'importe quoi. La vie n'est pas un long fleuve tranquille que l'on descend en ne faisant aucune connerie et en ne prenant aucun coup. Ce sont les épreuves qui te forgent et elles tombent sans discernement sur la tête de chacun, interdits ou pas.

C'est ma façon de raisonner, et jusqu'à maintenant ça ne m'a pas trop mal réussi. Pour rien au monde, je n'aurais voulu avoir un gosse de quatorze ans qui a besoin d'aller chez un spécialiste parce qu'il n'est pas bien dans ses pompes, ou emmener ma fille chez le psy parce qu'elle déprime après avoir cassé le talon du dernier modèle de Louboutin…

# – 5 –

## Je n'étais pas fait pour être heureux avec mes parents

Pendant mon enfance, je n'ai pas sollicité mon père pour qu'il me manifeste de l'intérêt et, par là même, son affection. Dans le cadre de notre relation, la tendresse n'était pas de mise. Je suis né à la mauvaise époque, celle où les hommes n'étaient pas démonstratifs avec leurs fils et où il leur était impossible de dire : « Je t'aime ». Les liens du sang étaient un fait acquis et les câlins comme les bisous, des démonstrations superflues. Tapie était un enfant d'après-guerre et les rôles parentaux étaient alors clairement définis. Son père n'avait pas le temps de s'occuper de ses deux fils autrement qu'en assurant leur subsistance. C'était une constante pour cette génération, et c'est dans cet état d'esprit que s'est déroulée toute l'enfance de Bernard Tapie.

Très logiquement et malheureusement, il a reproduit ce schéma. Preuve en est : mes sœurs ont reçu plus de marques d'affection que moi.

Quand les grands-parents ont la chance d'être encore valides, ils adorent s'occuper de leurs petits-enfants. Mais, à ce niveau, Tapie n'était pas très « valide ». Un été, deux ou trois fois, il a pris ma petite Lola sur ses genoux tout en continuant de discuter avec moi, sans lui accorder plus d'attention. Elle avait beau avoir quatre ans, elle a pigé tout de suite et lui a coupé la parole en criant : « Stop ! Tu parles un peu trop fort pour moi ! » Comme ça ne changeait rien et qu'il n'interrompait pas son discours pour s'occuper d'elle, Lola a ajouté : « Tu veux bien arrêter de hurler dans mon oreille ? » Tapie a toujours été gauche avec les enfants ; en vérité, il n'a jamais su par quel bout ça se prenait. Parfois, je me dis qu'il n'a jamais eu la vie d'un homme normal, alors pourquoi se serait-il comporté comme un père ou un grand-père normal ?

Tapie était un père éclair, un cyclone qui passait et repartait. J'aurais souhaité qu'une fois par mois, il m'accorde un peu de temps, un moment rien que pour moi. Mais cela n'a jamais été le cas. Je ne pense pas que c'était pour lui un problème de disponibilité. C'est l'envie qui permet de dégager du temps et il ne la ressentait pas. Tapie n'était pas mon confident et il était loin d'imaginer ce qui bouillonnait dans ma tête quand j'étais enfant. Il ne savait pas, il ne savait rien, d'autant que je ne me suis jamais plaint à qui que ce soit. J'étais – et je reste – un sauvage qui ne se confiait à personne. Je parlais plus à mon chien qu'aux voisins ou à mes parents. Avec eux, je restais muré dans mon silence.

Après le divorce de mes parents, Tapie arrivait un week-end sur deux nous chercher, mais il repartait seul avec ma sœur aînée. Quand il venait, je refusais de le suivre, je ne descendais même pas l'escalier pour aller à sa rencontre. Je sais qu'il s'en est souvenu… Depuis, j'ai réfléchi à ce refus catégorique de l'approcher. Quand on est un petit enfant et que l'on évite tout contact avec son père, c'est parce qu'il est devenu pour nous un étranger. Je n'ai eu avec lui qu'une relation superficielle. Parfois, il suffit de gratter la pierre pour découvrir ce qui est enfoui dessous. Là, ce n'était pas utile, il n'y avait rien, rien que de la pierre. Peut-être n'étais-je pas intéressant ?

Objectivement, je l'ai vu beaucoup plus présent avec ma sœur aînée, mon frère cadet et ma petite sœur qu'il a eus de son second mariage. J'en suis content pour eux et je ne suis pas triste. Je ne peux même pas dire que j'ai été malheureux et que j'ai souffert de son absence : comment regretter quelque chose qui n'a pas existé et que l'on n'a jamais connu ? Un gamin qui a grandi dans le Sahel et qui n'a jamais mangé de viande regrette-t-il son goût ?

Je ne garde aucun souvenir précis de mon enfance en général, comme si j'avais voulu refouler à jamais des scènes sans intérêt ou trop pénibles. Quand je tente de faire remonter à la surface certains épisodes de ma vie d'alors, seuls me reviennent de petits flashs. Je ne me rappelle aucun Noël ni cadeaux au pied du sapin. De toute façon, je n'ai jamais eu de train électrique… Et pourtant, je me souviens nettement d'un Noël en particulier. J'avais sept ou huit ans quand mon père m'a offert un chopper, une moto à trois roues de 80 $cm^3$, qui fonçait au minimum à 60 km/h. Il avait fait rehausser les pédales pour que mes pieds puissent les toucher. Après tout, pourquoi pas ? Donner à un enfant de huit ans une moto destinée à un adolescent de quatorze, ça peut paraître ahurissant. Non, c'est mon fils, il y arrivera forcément ! Mais à part cet épisode singulier, rien de vraiment exaltant n'a marqué mon enfance.

Même si je suis bien incapable de décrire une scène en détail, les émotions qui m'ont submergé dans les moments difficiles sont restées gravées dans ma mémoire. Je les ressens encore, je les vis toujours.

Comme Tapie était aussi pudique que moi, tant au niveau des sentiments que de la vie privée, nous n'avions jamais discuté de son mariage avec ma mère ni de ma naissance. Il a fallu un hasard pour qu'il m'en parle... Il est 22 heures et nous rentrons de Marseille. Nous sommes sur le point de prendre l'autoroute qui relie Le Bourget à Paris quand on s'aperçoit qu'elle est fermée. Comme Tapie connaît bien Le Bourget – et pour cause, il y est né ! –, il emprunte un dédale de rues désertes et sans prévenir, pile d'un coup à un carrefour.

– Je vais te montrer... à l'angle de la rue, il y a une salle des fêtes. C'est là que j'ai rencontré ta mère et que j'ai dansé pour la première fois avec elle.

Il a ralenti jusque-là et, avant de repartir et d'accélérer, il a envoyé un baiser en direction de la salle des fêtes… Je ne sais pas pourquoi mon père et ma mère se sont aimés, mais je me suis dit que finalement j'étais un enfant de l'amour. À cette époque, on ne se mariait pas sur un coup de tête. Ma mère était mineure, il avait donc fallu l'autorisation de mon grand-père pour que Tapie et elle puissent passer devant le maire. Mais leur union n'a pas duré. Je pense que j'avais six mois quand ils ont divorcé. Nathalie, ma sœur aînée, avait alors presque quatre ans. Je n'ai pas connaissance des raisons qui ont poussé mes parents à se séparer ; tout ce que je sais, c'est qu'ils ont raté leur mariage, mais réussi leur divorce. Je n'ai jamais entendu ma mère critiquer mon père ou le traiter de tous les noms. Je n'ai jamais entendu l'un d'entre eux dire du mal de l'autre.

Il est impossible de comprendre qui je suis et ma façon de réagir sans connaître la relation que j'ai entretenue avec ma mère durant toute mon enfance et mon adolescence. Ces années m'ont marqué au fer rouge. Ma mère s'appelait Michèle. Elle est née à Saint-Nazaire et était donc Bretonne. C'était une grande et très belle femme, très fine, avec des cheveux châtain clair et surtout des yeux verts d'une intensité extraordinaire. Elle avait un regard magnifique, et mon fils Thomas a exactement le même, c'est extrêmement troublant.

Bien qu'elle soit morte en 2000, son visage reste gravé dans ma mémoire avec une précision incroyable. J'étais raide dingue amoureux de ma mère, elle incarnait physiquement, pour moi, la perfection. Mais si elle reste à jamais la femme de ma vie, je reconnais que j'éprouve du ressentiment à son égard. Elle n'a pas réussi à terrasser un mal qui nous détruisait, elle et moi ; un mal qui la rongeait de l'intérieur et que j'ai identifié bien plus tard : l'alcoolisme.

Ma mère ne travaillait pas. Nous n'avions pas de femme de ménage, ce n'était pas nécessaire, j'étais chauffeur, coursier, ramasseur, videur… Mon père lui versait une pension et, au moment de leur séparation, il lui avait acheté une maison. En général, ma mère a toujours vécu à proximité de mon père. S'il déménageait, il lui achetait un appartement ou une maison dans la même ville, de façon à garder en permanence un œil sur elle, et surtout sur nous. Je ne sais pas si elle était déjà alcoolique quand ils se sont rencontrés, mais Tapie était au courant de sa dépendance. Ma mère a tenté plusieurs cures de désintoxication. À partir de mes douze ans, quand elle était hospitalisée, j'allais vivre à plein temps chez mon père. Ça ne durait jamais très longtemps et, de toute façon, les cures ne servaient strictement à rien. Une désintoxication, c'est efficace si la personne le souhaite vraiment, pas quand elle est obligée de s'y soumettre presque de force.

Ma mère n'avait pas besoin de boire comme un trou pour être ivre, elle ne tenait pas l'alcool. Dans un autre milieu, on aurait parlé d'alcoolisme mondain… Les rares fois où je voyais mon père, il n'évoquait jamais le problème de ma mère, question de pudeur… Même si je savais que c'était lui qui l'envoyait en cure, je ne me risquais pas à lui en parler non plus, c'était trop douloureux pour l'un comme pour l'autre.

Quand je découvrais ma mère en très mauvais état, je l'empoignais tant bien que mal et la tirais jusqu'à son lit. Ce n'était pas facile pour un gamin de douze ans, mais que faire d'autre ? J'étais un gosse qui, par obligation, devait agir comme un adulte. Le lendemain, on se levait comme si de rien n'était, on ne parlait pas de ce qui s'était passé la veille, et la vie reprenait son cours.

Avec le recul, c'est un euphémisme de dire que je n'ai vraiment pas eu une enfance normale…

Il n'y a que les gosses qui ont vécu avec un parent alcoolique pour comprendre ce que j'ai pu ressentir. Je vivais dans un climat de tension permanente. Chaque fois que je rentrais et que je poussais la porte, je me demandais comment j'allais la trouver. Je souffrais d'autant plus de la situation que je cachais mes émotions et que je me murais dans le silence comme dans un blockhaus. Je ne montrais rien, j'étais verrouillé. Puis, subitement, je me déchaînais, et ma mère ne comprenait pas pourquoi je réagissais avec autant de hargne. Quand tu te refermes sur toi-même pour te protéger, quand tu veux te blinder, il ne faut rien laisser paraître, réprimer toutes tes émotions. Mais elles ne disparaissent pas, elles sont en sommeil et les rancœurs s'accumulent. Lorsque la cote d'alerte est atteinte, tout ce que tu as refoulé remonte à la surface et déborde avec une violence décuplée.

Ma mère était incapable de me fixer des limites ou de me donner une éducation. J'avais la bride sur le cou et j'organisais ma vie comme ça me chantait. Pas besoin de lui demander la permission pour sortir le soir, je n'avais aucun interdit. Quand je ne sortais pas, ce n'était pas par manque d'envie, c'était pour la surveiller.

Je raisonnais en adulte, il en fallait au moins un à la maison… Donc, je n'ai pas eu le choix, j'ai dû me prendre en charge et la prendre en main. Mais je ne me suis jamais demandé quelle vie j'aurais eue si elle n'avait pas été dépendante de l'alcool. C'était déjà assez dur à supporter, pourquoi en rajouter en imaginant ce qui n'était pas et ne serait jamais ? On ne sort pas indemne d'une telle adolescence. J'y ai laissé une grande partie de mon équilibre et seuls mes enfants ont réussi à me reconstruire.

Le père de ma mère était gendarme et sa maman, mère au foyer. Ma grand-mère était une chieuse patentée, comme si elle avait vu le jour dans le seul but de casser les pieds des autres et de leur empoisonner l'existence. En revanche, mon grand-père était un amour. C'était l'image paternelle à laquelle je pouvais m'identifier et je l'adorais. Il répondait toujours présent quand j'avais besoin de lui et il m'apprenait des tas de choses. Son désir profond était de me transmettre son savoir, ses connaissances. C'était un bel homme, grand et baraqué, qui m'a appris à me servir de mes dix doigts, à jardiner, à bricoler. Quand il a pris sa retraite, il s'est occupé en travaillant le bois brûlé et j'étais le seul à avoir le droit de pénétrer dans son atelier. Patiemment, il me montrait comment faire un dessin sur une planche et entourer le contour avec des petits clous espacés d'un demi-centimètre. Après, je n'avais plus qu'à entrelacer des fils de couleur et le papillon ou le cheval devenait une chaînette. J'étais émerveillé par le tricotin ! À un moment, devenu complètement aveugle, mon grand-père a été opéré de la cataracte. Pendant sa convalescence, il s'enfermait des heures dans son atelier. On l'entendait taper comme un sourd, mais personne ne savait exactement ce qu'il y fabriquait. Puis, un jour, il est apparu avec une sculpture sur bois d'une complexité incroyable et il l'a donnée à ma grand-mère. C'était sa façon de lui dire : « Je vais mieux, j'ai retrouvé la vue… »

Comme ma mère, ma sœur et moi, à l'époque, mes grands-parents habitaient la région parisienne. Si j'avais très souvent mes grands-parents au téléphone, je les voyais surtout l'été, quand on partait en vacances tous ensemble au camping de Cabourg. Mes cousins et moi étions dans une petite tente, mais les adultes étaient dans une caravane. Quand un orage éclatait, on se précipitait et, sous la direction de mon grand-père, on plantait une pomme de terre au sommet des piquets en fer qui dépassaient de la tente. C'était pour éviter que la foudre tombe dessus, nous expliquait-il. Dans la journée, il attendait la marée basse et nous emmenait ramasser des coques. Bottes en caoutchouc aux pieds, quand la mer s'était retirée au loin, nous pataugions dans les filets d'eau et nous grattions le sable avec un petit trident. Puis, nous revenions tous à la caravane avec notre pêche. C'étaient des moments fabuleux.

Une fois, Tapie est venu me chercher au camping. J'avais une douzaine d'années et j'étais en train de m'amuser avec mes copains. Nous étions sans doute sur le point de partir à la plage, car j'étais en claquettes avec mon dauphin en plastique sous le bras. Soudain, j'aperçois une grosse voiture brillante qui s'engage dans l'allée avec mon père au volant. Je ne sais pas ce qui lui était passé par la tête, si c'était pour me faire plaisir ou sans raison particulière, mais il était au volant d'une Rolls-Royce ! Et pas n'importe laquelle, une Silver Shadow avec sa superbe statuette ailée trônant au-dessus du radiateur. Mes copains étaient aux anges, ils trouvaient cette apparition géniale, moi, pas du tout. Quand mon père a garé sa Rolls près de la caravane de mon grand-père, je n'avais jamais ressenti une telle honte. Je ne savais plus où me mettre. Les campeurs s'étaient rassemblés autour de la voiture et la regardaient, stupéfaits. Ils ne se doutaient pas que mon père avait de l'argent, et moi-même, je l'ignorais. Ils scrutaient la Rolls et demandaient : « C'est quoi comme voiture ? Une Rolls-Royce ? C'est pas possible ! Quelqu'un a dû lui prêter… » Et moi, je pensais : « Il ne peut pas avoir une DS ? C'est bien une DS… » Mon grand-père avait une 2 CV grise avec l'intérieur bordeaux. Dans les virages, on avait l'impression de s'envoler, mais j'adorais cette « deudeuche ». À mes yeux, elle valait toutes les Rolls-Royce du monde et surtout, quand je montais dedans, je n'avais pas honte, alors que là… En général, les gosses sont fiers que leur père ait une belle voiture, moi pas. Ni le contexte ni le lieu ne s'y prêtaient.

*

* *

Si je raconte avec bonheur ces vacances qui, à l'exception de l'arrivée très remarquée de Tapie, peuvent paraître banales, ce n'est pas par hasard. Ces vacances, je les bénissais, car je retrouvais ma mère telle que j'avais rarement l'occasion de la voir. Comme par enchantement, ce mois d'été était la parenthèse heureuse de l'année.

J'ignore comment elle parvenait à se priver d'alcool pendant cette période estivale. Sans doute parce que mon grand-père veillait au grain et qu'il lui interdisait formellement de boire. Malheureusement, mon grand-père est mort quand j'avais quinze ans. C'est terrible ce que je vais dire, mais j'ai immédiatement pensé à ma grand-mère : « Mais pourquoi ce sont toujours les meilleurs qui partent les premiers ? » J'aurais préféré…

Cette disparition aurait dû abattre ma mère, mais paradoxalement, elle lui a donné la force de combattre ses démons. Elle a repris le dessus, entamé un break et, malgré les hauts et les bas, notre vie a enfin eu un semblant de normalité. J'avais dix-huit ans quand elle a rencontré son nouveau mari. Il était fonctionnaire à EDF et, même s'il était un peu fantaisiste, il était très sympathique. Un soir où je rentrais à la maison, il est venu à ma rencontre et sans me laisser souffler, il m'a dit :

– Voilà, je voudrais te demander la main de ta mère…

Je l'ai regardé bien droit dans les yeux et je lui ai répondu :

– D'accord, mais je te préviens, si tu lui fais du mal, je te tue !

Il a eu l'air surpris.

– Pourquoi tu dis cela ?

– Parce que si tu la laisses se faire du mal, je te tue !

Ma mère a gardé le silence, mais elle tremblait comme une feuille.

Au début, ce mariage a eu sur elle un effet bénéfique. Et puis un soir de fête, on lui a servi un verre d'alcool… Toutes mes angoisses sont remontées à la surface. Je m'en suis pris à son mari, qui s'est exclamé sur un ton agressif :

– Tu te calmes ! Tu es bien gentil, mais c'est moi, son mari !

Je lui ai sauté à la gorge et je l'ai plaqué contre le mur en hurlant :

– C'est peut-être toi, le mari, mais ce n'est pas toi, l'homme. Ici, l'homme, c'est moi !

Ma mère n'a pas bougé…

*

*   *

Une fois pourtant, je l'ai vue se rebeller. Ironie du sort, la seule fois où elle est sortie de ses gonds et a tapé du poing sur la table, je ne l'avais pas provoquée.

J'avais quatorze ans et, pour imiter mes idoles, les chanteurs de Trust et de Téléphone, je me suis fait percer l'oreille. Je suis rentré à la maison avec mon anneau et, oubliant sa passivité habituelle, elle a piqué une crise. C'était une question de principe et il était exclu qu'elle transige. Sans ménagement, elle m'a claqué la porte au nez en me disant d'aller chez mes cousins. J'y suis resté cinq jours, le temps que le trou se rebouche…

La réaction de ma mère ne m'a pas mis en colère, bien au contraire. Elle avait fait preuve d'autorité et c'était, depuis longtemps, ce que j'espérais. J'ai pensé : « Voilà, elle a repris sa place ! » Mais c'est la seule et unique fois où elle a assumé son rôle. En dehors de cet éclat, j'ai été totalement libre de mes faits et gestes. Avec le recul, je me demande comment elle a pu accepter qu'à onze ans, j'aille seul au concert de Bob Marley au Bourget. C'était quand même le plus grand fumeur d'herbe de la planète et ses fans étaient aussi défoncés que lui. Ce n'était pas vraiment la place d'un gosse de mon âge…

Sur le plan scolaire, c'était à l'avenant. Ma mère ne me demandait jamais si j'avais des devoirs à faire ou des leçons à apprendre. Quand je recevais mon carnet de notes, je le lui tendais en disant : « Signe ! » Si elle essayait de me sermonner sur mes résultats médiocres, si elle me mettait en garde, m'assurant que plus tard j'aurais des problèmes, je l'envoyais promener.

– Règle ta vie et après, je réglerai mes problèmes !

Alors, elle renâclait, prenait un ton sans réplique et criait :

– Tu ne me parles pas comme ça !

– Oui, tu as raison. Entendu, vas-y signe !

Et elle signait… À l'école, je ne supportais pas l'injustice et je me battais beaucoup, mais toujours contre des « grands ». L'année de mes seize ans, dans une classe supérieure, il y avait un costaud qui s'en prenait aux plus faibles. C'était vraiment le prototype du lâche et du sale type. Un jour, il a recommencé son manège à la cantine et je n'ai pas hésité. Devant les professeurs et les élèves attablés, j'ai empoigné une grosse poubelle remplie de détritus, celle où l'on vidait nos assiettes à la fin du repas. Je la lui ai renversée sur la tête en appuyant très fort et je me suis mis à taper violemment à coups de poing contre les parois. L'autre braillait comme un malade, les spaghettis et les pelures d'orange dégoulinant sur ses épaules, et je continuais à frapper hors de moi. La sanction ne s'est pas fait attendre, j'ai été renvoyé huit jours avec effet immédiat. Mon père est venu me chercher…

Chaque fois que j'étais mis à la porte, donc quasiment tous les ans, il était prévenu par la direction et débarquait. Tapie écoutait le sermon du directeur, me réceptionnait à la sortie et poussait un coup de gueule en me menaçant du pire. Puis, je testais une nouvelle boîte avant de reprendre ma migration à la rentrée suivante… J'ai été lourdé tellement de fois que je pourrais réaliser un relevé topographique de tous les bahuts que j'ai fréquentés. Si je voulais m'inspirer de Lorànt Deutsch, j'écrirais une seconde version de *Métronome*, sauf que la mienne raconterait l'histoire des arrondissements de Paris et de sa banlieue à travers mes pérégrinations scolaires.

*

* *

Quand j'étais petit, sur le plan médiatique, Tapie n'existait pas. Donc qu'il soit mon père ne me nuisait pas. Plus tard, tout dépendait de l'idée que les professeurs se faisaient de lui. Je ne parle pas des maths où seuls les résultats des équations sur la copie sont pris en compte, mais pour toutes les autres matières, c'était selon… Il y avait le prof qui aimait bien Tapie et qui était plus enclin à l'indulgence, et celui qui le détestait et ne me loupait pas. À la rentrée, rien que dans la façon dont un prof prononçait mon nom au moment de l'appel, je savais exactement comment me situer. C'était plus fort qu'eux, ils n'arrivaient pas à se contrôler. J'entendais :

– Tapie ? Ah, oui…

Cet « Ah, oui… » était mortel. Cela voulait tout et rien dire à la fois, mais surtout : « Je vais m'occuper de toi cette année, tu peux compter sur moi… » Quand on a quinze ans, on devient vite parano. En tout cas, si j'espérais me la jouer incognito, c'était loupé ! Même si les professeurs s'efforçaient d'être objectifs, ils n'y parvenaient pas. Je me suis amusé avec une copine à échanger nos copies. Rien qu'en lisant les annotations du prof de français dans la marge, pour une même idée, un même développement, il y avait une différence d'appréciation colossale. Il n'y avait pas de neutralité.

Si je fais le bilan de ma scolarité, j'étais loin d'être un cancre, mais j'étais intenable, je me bagarrais tout le temps. Ce qui est paradoxal, c'est qu'à la maison, en général, je n'étais pas violent du tout. J'étais parfaitement calme, renfermé sur moi-même, mais dès que je me retrouvais à l'extérieur, je pétais les plombs. Je trouvais toujours une raison de me distinguer, parfois pour le plaisir de chercher des histoires, parfois par compassion. Je me souviens du petit Manu, un métis un peu naïf, très émotif. Nous étions ensemble dans une école du XIIIe arrondissement de Paris. Il était multi-redoublant et le souffre-douleur de toute sa classe. J'étais révolté par la façon dont les autres élèves le traitaient et on a décidé, avec mes trois meilleurs amis, de le prendre sous notre aile. On protégeait Manu et on essayait de lui apprendre comment se comporter quand il était agressé. Au lieu de le plaindre et de le cocooner, de temps en temps, je le brusquais afin qu'il sache comment réagir quand il était bousculé. Je n'ai pas coupé les liens avec lui à la fin de ma scolarité. À l'époque où je présentais mes émissions sur TF1, il rappliquait chaque fois sur le plateau. Je lui payais ses billets de train ou d'avion et il me suivait partout, même à l'étranger. Dès que le stress et la nervosité le gagnaient, il se mettait à bégayer, alors je lui ai également payé un professeur de diction. Je l'ai même inscrit à un cours de théâtre et aujourd'hui, il est capable d'écrire et de prendre part à des discussions. Avant, il ne s'exprimait pas, à peine alignait-il quelques mots… Je suis toujours en relation avec le petit Manu. Ce garçon est une vraie fierté pour moi. J'ai été pour lui une sorte de papa et quand j'y réfléchis, je me dis que j'ai toujours eu un désir de paternité. Cela explique mon comportement, sans doute heurté, mais avant tout protecteur avec ma mère.

– 6 –

## Apprendre à vivre sans elle…

Un jour, sans que je l'aie anticipé, j'ai vécu un moment génial. J'étais au volant de ma voiture, place de l'Étoile à Paris, je me suis garé et j'ai éclaté en sanglots. J'avais vingt-cinq ans et ce que je venais d'entendre était si fort, je l'attendais depuis si longtemps, que j'étais bouleversé. J'étais en train de conduire quand ma mère m'a téléphoné et m'a expliqué :

– Stéphane, je dois te prévenir, je pars pendant dix jours.

J'ai pensé : « Ça y est, encore une cure de désintoxication ! » Elle a ajouté :

– Tu le prends comme tu veux, mais je suis malade…

Un peu étonné, je lui ai demandé de quoi elle souffrait. Et elle m'a répondu :

– Je suis alcoolique…

Je me suis effondré. Jusque-là, ma mère avait toujours été dans un déni absolu. Elle refusait de reconnaître qu'elle avait un sérieux problème avec l'alcool. Les médecins m'avaient expliqué que le jour où un alcoolique parvient à associer le mot alcoolisme au mot maladie, le processus de guérison est entamé. Et c'était le cas. Ce que j'ai ressenti est indescriptible, l'émotion m'a coupé les jambes, je n'arrivais pas à me remettre de ce que j'avais entendu. Enfin ! Je n'en revenais pas. C'était la fin du calvaire, de nos bagarres, de nos disputes incessantes. Je ne doutais pas qu'elle allait réussir à se sortir de cet enfer et que nous pourrions construire une nouvelle relation.

Mais, quand elle est rentrée de sa cure, elle est venue me voir et m'a avoué :

– Tu sais, là-bas, j'ai passé des examens médicaux, et les résultats sont… C'est pas bon signe…

J'ai pris cela à la légère et je lui ai répondu :

– Faut pas s'étonner, tu dois avoir le foie dans un état pas possible…

Et là, sans hausser la voix, elle m'a dit :

– J'ai une leucémie…

Moi qui croyais avoir quitté l'enfer, je m'y retrouvais de nouveau et jusqu'au cou.

Pendant quatre ans, ma mère s'est battue contre la maladie. Elle était complètement sevrée et tout à fait lucide. J'aurais pu lui reparler de ce que nous avions vécu ensemble, mais je ne voulais pas la replonger dans le passé. Elle avait besoin de toute son énergie pour lutter contre le cancer. Et puis, ce qui comptait, c'était le présent et notre avenir.

Ma mère était peut-être une femme qui n'avait pas droit au bonheur… Les lourds traitements qu'elle a subis ne sont pas parvenus à la guérir, ma maman est morte dans la nuit du 31 juillet au 1er août 2000. Elle était dans le service de cancérologie d'un hôpital de Montpellier. La veille de sa disparition, elle m'a téléphoné et, avec une grande pudeur, elle m'a avoué que j'étais sa plus grande fierté, qu'elle m'aimait profondément et que mes enfants étaient merveilleux. J'ai raccroché et me suis dit :

– Ma mère va mourir ce soir, son appel est un adieu…

C'est exactement ce qui s'est passé. Le lendemain, mon père, qui suivait quotidiennement son état de santé, m'a téléphoné pour me prévenir que c'était fini. Mon chagrin a été terrible, j'étais complètement perdu. Jusque-là, dans la vie, je n'attachais pas vraiment d'importance aux conséquences de mes actes, que ce soit bien ou mal, que je fasse des conneries ou pas, j'étais conscient que je pouvais rentrer à la maison, chez ma maman.

C'était évidemment une réaction totalement irrationnelle quand on sait qu'elle n'avait jamais pu me protéger, mais je crois que cette conviction est ancrée au plus profond de chacun d'entre nous : tant que la mère est là, on croit encore être un enfant qui, à tout moment, peut rentrer au bercail. J'étais pareil au Petit Poucet qui sème des cailloux blancs derrière lui et qui sait que, s'il se perd, il retrouvera son chemin. J'ai toujours eu l'impression étonnante d'avoir un fil invisible attaché dans le dos, un élastique qui me reliait à ma mère et me ramènerait au besoin vers elle. Là, je n'avais plus d'endroit où me réfugier, je me retrouvais seul, démuni. J'étais sous le choc, j'ai pensé : « Pourquoi c'est elle qui est partie ? » Rien ne peut être aussi fort que le lien qui unit un fils à sa mère.

Nous les hommes, nous ne portons pas les enfants, nous n'accouchons pas. Il est impossible que nous ayons vis-à-vis d'un fils ce lien inexplicable qui le relie à celle qui lui a donné la vie. La perte d'une maman est un arrachement, un épisode tragique. Mon père l'a reconnu quand il a perdu la sienne, quelques mois avant l'été 2013. Pendant l'enterrement, au cimetière, il m'a dit :

– Maintenant, nos mamans vont veiller l'une sur l'autre…

À ce moment, on s'est rejoints. Nous avons fait la paix par rapport aux non-dits, aux sentiments non exprimés l'un envers l'autre.

*

*  *

L'incinération de ma mère était prévue pour le 4 août, la veille de mon anniversaire… Nous devions tous partir en vacances le 1er août, donc trois jours avant la « cérémonie » ; alors j'ai demandé à un ami d'emmener mes enfants en Corse. Mon père m'a proposé de m'accompagner à Montpellier vingt-quatre heures avant l'incinération, afin que je puisse voir ma mère. Je ne le souhaitais pas. Elle n'était plus là, quel intérêt ? Pleurer devant sa dépouille pendant toute une journée ? Cela aurait servi à quoi ? Mais je l'ai quand même vue allongée sur son lit.

Physiquement, la mort est plus violente pour une femme que pour un homme. Je ne sais pas à quoi ça tient, peut-être parce que les femmes ont plus de possibilités de maquiller leur visage, de jouer avec la couleur de leurs cheveux. Sur son lit de mort, mon père avait un visage apaisé, toutes les marques de souffrance profondément incrustées dans sa peau s'étaient effacées, il est enfin apparu serein, les traits détendus, d'une certaine façon embelli. Le visage de ma mère, lui, était exposé dans toute sa nudité, il était froid, sans aucune trace de vie. Quand je l'ai embrassée, cela a été terrible. Je parlais à un corps figé comme de la cire, à une enveloppe charnelle qui ressemblait à une statue. Je sentais qu'il n'y avait plus rien, que son âme était partie. Depuis, je crois à l'âme…

Le jour de l'incinération, Tapie était dans le couloir, très ému. Les souvenirs devaient se bousculer dans sa tête. C'était quand même la mère de sa fille et de son fils aîné qui venait de mourir. Tout un pan de sa vie disparaissait, il était plein de nostalgie et d'émotion, une page se tournait. Tapie n'était pas du genre à s'attendrir, son naturel, c'était de s'investir dans l'action, pas de se morfondre. Mais il avait tenu à être là, à mes côtés… Dans ce genre d'épreuves, je lui faisais une confiance aveugle. Si j'avais eu un gros coup dur, s'il était arrivé quelque chose de vital à mes enfants ou de terrible à quelqu'un que j'aime, c'est la première personne que j'aurais appelée. Je savais que je pouvais compter entièrement sur lui. Il me l'a prouvé dix fois, cent fois. Dans de telles circonstances, il ne fallait pas attendre de sa part des paroles de réconfort, ce n'était pas un homme qui trouverait des mots de consolation. Quand je n'avais pas le moral, ce n'était surtout pas à lui que je devais m'adresser. Cela ne me dérangeait pas, je suis pareil, je ne m'apitoie pas, je préfère trouver des solutions. Tapie était un homme d'action, il ne consolait pas, il agissait.

Le funérarium était situé dans une ZUP. Comme emplacement, il n'y a pas plus glauque. En quelques minutes, tout est terminé. Il y a le feu, le cercueil qui brûle, et puis plus rien. Comment entreprendre un processus de deuil dans ces conditions ? J'étais arrivé à Montpellier le cœur plein de chagrin. Déjà la froideur de sa dépouille m'avait ôté une grande partie de mon émotion, le peu qui subsistait s'est évanoui avec l'incinération.

Un employé des pompes funèbres a voulu me remettre l'urne contenant les cendres de ma mère, j'ai refusé. C'étaient les restes de son enveloppe charnelle, son âme, elle, n'était pas dans un bocal. Ma sœur aînée l'a prise. Plus tard, nous sommes allés disperser ses cendres dans la baie de Cassis, un de ses endroits préférés. Nous n'étions pas tristes, bizarrement, j'étais même joyeux et quand j'y retourne, je le suis toujours. J'ai raconté à mes enfants comment j'avais répandu les cendres de leur grand-mère dans la mer. Après cela, chaque année, quand ils arrivaient en Corse, dès que les bagages étaient posés, ils disaient : « Je vais dire bonjour à mamie ! » et ils partaient se baigner. Pour eux, c'est la « mère » Méditerranée…

Juste après l'incinération, mon père a commis une maladresse révélatrice de son tempérament. Par une curieuse coïncidence, presque collé au funérarium, se trouvait le Zénith de Montpellier, une immense salle de spectacle. Nous nous dirigions vers la voiture sans un mot. Pour essayer de rompre le silence, mon père s'est tourné vers le Zénith et m'a dit :

– Quand je pense que je vais venir jouer ici dans quelques jours !

Je me suis arrêté à sa hauteur, je l'ai fixé et je lui ai répondu :

– Franchement, je m'en fous complètement ! Si tu savais à quel point je m'en fous !

Comment lui en vouloir ? C'était le seul moyen qu'il avait trouvé pour échanger quelques mots avec moi. Sa gêne a été à la hauteur de sa maladresse. Il ne pouvait pas gérer ce genre de situations, il était comme un chien dans un jeu de quilles, il ne savait pas les éviter, il rentrait dans le tas.

La mort de ma mère n'a pas fait disparaître ma rancœur envers elle. De tout ce que j'ai enduré enfant, il ne reste pas une blessure, ce serait trop réducteur, je préfère parler d'une plaie béante. C'est la plaie d'un grand brûlé dont les cicatrices sont toujours visibles et le resteront à jamais.

En devenant père, je me suis aperçu des difficultés que l'on rencontre dans l'éducation de ses enfants et que l'on doit affronter. Si j'ai été capable de les surmonter avec mes enfants, ma mère aurait pu nous offrir, à ma sœur et à moi, une enfance sinon heureuse, du moins normale. Quand on a des enfants, que l'on est responsable de leur éducation, il faut être fort, c'est une obligation. Et quand tu es un parent isolé comme l'était ma mère, tu as le devoir de l'être deux fois plus encore. Mais l'alcool avait été le plus fort…

Depuis, j'ai développé une véritable aversion pour toute boisson alcoolisée. Je n'en bois pas une goutte quelle que soit l'occasion et je ne supporte pas de voir quelqu'un ivre. Mes gosses savent pourquoi j'ai une telle répulsion.

De toute façon, je ne leur ai jamais rien caché, ils connaissent tout de ma vie. Les rares fois où ils se sont pris une murge, ils ont dormi chez des copains pour que je ne les voie pas dans cet état.

Je pourrais chercher toutes les explications possibles sur l'origine de l'addiction de ma mère, fouiller dans son passé pour comprendre ses motivations profondes et réfléchir à son impossibilité de décrocher. Je n'en ai aucune envie. Je me moque des grandes théories psychanalytiques, je m'en tiens aux faits. Je ne sais qu'une chose : ce qui subsiste de notre vie commune, à ma mère et à moi, ce sont les dégâts irréversibles que l'alcool, cette merde, a occasionnés.

Même si cela a pris beaucoup de temps, je me suis sorti de cette enfance par miracle. Peut-être parce que je me suis cuirassé et que je suis devenu un bloc hermétique que plus rien n'atteignait. J'ai été tellement meurtri pendant mon enfance et mon adolescence qu'il a fallu que je sois un roc pour survivre. Je me suis débrouillé pour être au degré zéro du ressenti. Une sorte d'autodéfense pour ne plus prendre les coups en pleine face, un gilet pare-balles qui m'a permis d'être résilient.

Longtemps, j'ai détesté les femmes, surtout les battantes. Elles étaient le reflet de ce qu'aurait du être ma mère. J'avais le sentiment que c'étaient des garces qui allaient me trahir et me faire du mal. Donc pour éviter de souffrir, sur le plan sentimental, j'ai toujours poussé à bout la personne avec laquelle j'étais. Moralement, je me comportais d'une façon ignoble pour voir jusqu'où je pouvais aller trop loin, ce qu'elle était capable d'encaisser et, surtout, si elle allait partir ou rester. J'estimais que si, par le passé, j'avais réussi à supporter le pire, celle qui m'aimait devait faire de même pour espérer, un jour, avoir le meilleur. C'était très autodestructeur, mais indépendant de ma volonté. Je ne le faisais pas pour le plaisir, j'infligeais aux autres ce que l'on m'avait infligé. Et encore aujourd'hui, quand j'ai peur de perdre quelqu'un, je préfère le perdre tout de suite que plus tard.

Avant de prendre la défense des femmes et de reconnaître leurs qualités, il a fallu que je balaie devant ma porte et que je laisse mon cynisme au bord de la route. Aujourd'hui, j'ai une grande admiration pour celles qui ont une force de caractère incroyable. Je suis conscient que pour être une femme moderne, avec tout ce que cela implique, il faut avoir trois fois plus de courage qu'un homme. Parce que, si on fait le bilan, c'est quoi la journée d'un homme ? Il va bosser, rentre à la maison et met les pieds sous la table. Sa femme bosse comme lui toute la journée, rentre aussi à la maison, mais à partir de là, commence sa deuxième vie, celle de maman puis, plus tard, sa vie de femme. Pendant qu'elle s'occupe des gosses, de la bouffe, du rangement et du reste, il fait quoi le monsieur ? Il se plante devant la télé en attendant que madame assouvisse les besoins de monsieur. Oui, c'est cru et ça ressemble à une caricature, mais pour avoir un avis autorisé sur la question, il faudrait demander à son épouse ce qu'elle en pense…

*

*     *

Si ma sévérité envers ma mère est indéniable, elle reste la femme de ma vie, mes sentiments à son égard sont indescriptibles, c'est ma maman… Elle était ce qu'elle était, mais je l'aimais d'une passion dévorante, d'un amour absolu. Comme l'a écrit Françoise Sagan : « J'ai aimé jusqu'à atteindre la folie. Ce que certains appellent la folie, mais ce qui est, pour moi, la seule façon d'aimer. »

La relation avec ma mère a été violente et destructrice, mais personne n'a le droit de la juger, moi seul peux me le permettre. Si jamais quelqu'un osait dire un mot de travers sur son compte, je le lui ferais rentrer dans la gorge.

Ce qui est indéfectible dans mon esprit, c'est l'amour et la tendresse qu'elle me portait. C'est grâce à elle que j'ai pu, à mon tour, reporter ces sentiments sur mes enfants, les leur transmettre. En revanche, ce que je regrette, c'est qu'ils ne l'aient pas connue ou si peu. Elle aurait été une grand-mère exceptionnelle. Une fois ses vieux démons éliminés, elle a su rattraper le temps perdu avec mon neveu Rodolphe. Elle a été exemplaire, ce que cette pourriture, l'alcool, l'avait jusque-là empêchée d'être.

## – 7 –

## Tapie vu de la Lune…

Vu de la Lune, mon père devait ressembler à un champion du mouvement perpétuel…

Comme tout le monde a pu s'en apercevoir, dans la vie publique, il était plutôt du genre exubérant. Mais ce serait une erreur de croire que son excitation se limitait au domaine professionnel. Même en famille, il était en représentation. Il se lançait sans arrêt dans de grandes discussions, s'agaçait, s'énervait. C'est ce que je constatais quand je passais quelques jours avec lui en vacances, ce qui était rare d'ailleurs… J'arrivais avec femme et enfants et les premiers jours, à cause de l'excitation des retrouvailles, tout était parfait. Puis au bout d'une semaine, je voyais bien qu'il pensait : « C'est sympa de les avoir tous à la maison, mais ça me gonfle, il y a trop de monde ! » Quand il réalisait que notre séjour était terminé et que notre départ était proche, il changeait complètement d'attitude, ça devenait : « Ah, merde, ils vont bientôt partir ! »

L'été, lorsque je le regardais du coin de l'œil et que j'observais sa façon de se comporter, je parvenais toujours à la même conclusion : « Ce mec est usant, ce mec me fatigue ! » Les gens normaux comme vous et moi, quand ils ne se baladent pas, ils profitent des vacances pour s'allonger sur un transat au soleil, écouter de la musique, bouquiner ou faire une petite sieste. Mon père, lui, s'allongeait une minute trente sur le transat, se relevait, se dirigeait vers moi à grandes enjambées et s'exclamait : « Putain, je ne t'ai pas raconté… » Et moi, je pensais : « Ça y est, ma sieste n'a même pas commencé qu'elle est déjà terminée ! » Comme si vous aviez continuellement à côté de vous un gamin hyperactif. Bernard Tapie, c'était un hyperactif du cerveau, un shooté de la vie. Un jour, j'ai vu une pub qui m'a fait bien rire : « Vous voulez plus de testostérone ? Essayez la concentration de testicules de taureau ! » Tapie, il n'en avait pas besoin, il a toujours été shooté aux hormones naturelles. À plus de 70 ans, il valait mieux qu'il ne soit pas contrôlé, il aurait été immédiatement positif au dopage. Il avait dû tomber dans la marmite quand il était petit ! La seule forme de sérénité que Tapie connaissait, c'était de s'asseoir cinq minutes sans bouger et encore, quand il y parvenait...

Comme, à l'époque, mon père avait besoin de trois heures de sommeil par nuit – « Vous me laissez trois heures et je reviens ! » –, on le voyait toujours debout. Quel que soit le moment, tous les membres de la famille le croisaient et le recroisaient : ceux qui se couchaient tard, ceux qui se levaient tôt, ceux qui rentraient dans la nuit et les autres au petit matin. Tapie, c'était le gardien du temps. Ma sœur Sophie, qui revenait à des heures pas possibles, le retrouvait chaque fois dans le salon : « Salut papa ! Tu n'es pas encore couché ? Ah, tu viens de te lever... » Moi qui étais rentré après minuit : « Hello, papa ! Tu es déjà levé ? Non ? Tu vas y aller... d'accord ! » Nanard, quand il faisait la grasse matinée, il était déjà debout depuis longtemps à 7 heures du matin...

Le problème, c'est que, lorsque Tapie ne dormait pas, tout le monde était au courant. Si lui était réveillé, pourquoi les autres auraient-ils dormi ? Même si c'était au cœur de la nuit et que ta chambre était à l'autre bout de la villa, tu l'entendais râler. Il râlait continuellement : sur une île déserte, il aurait été capable de trouver un Robinson à engueuler. C'était son mode d'expression, il n'en connaissait pas d'autre.

Pendant sa maladie, mon père a perdu sa voix, ce qui l'a contrarié au plus haut point. Et quand je dis contrarié, le mot est très faible, ça l'a vraiment fait chier. Tapie était un orateur, et un orateur sans voix… Je ne sais pas exactement pourquoi il s'est retrouvé aphone, je crois qu'il a eu une tumeur aux cordes vocales et qu'elle était si mal placée que si on la retirait, il risquait de ne plus avoir de voix du tout. Alors, elle est restée où elle était. Il a perdu ses cheveux aussi à cause de la chimiothérapie, beaucoup de poids également, mais il n'est jamais resté prostré dans son coin, à l'abri des regards. S'il avait eu peur du regard des autres, il n'aurait pas accompli le dixième de ce qu'il a fait dans son existence. Les gens ont trouvé que son attitude était très courageuse, mais Tapie leur répondait : « On n'a pas à se vanter de trouver le courage, on doit avoir honte de ne pas en avoir. Il est à la portée de tout le monde, il faut se battre ! » Toute sa vie, mon père a été un homme de combats, il avait le cancer, il se bagarrait, il assumait, c'était dans la continuité de ce qu'il avait toujours été.

C'est pourquoi il a continué de participer à des émissions de radio et de télévision, et en particulier celle où on l'a vu interviewé par Laurent Delahousse dans le jardin des Tuileries. Tapie était alors au début de sa transformation, il avait le cheveu pauvre, il n'était pas physiquement à son meilleur – et de loin –, mais en se dévoilant ainsi, il poursuivait un objectif précis : démontrer que le cancer n'est pas sale, ni contagieux ni tabou. Il avait voulu d'entrée de jeu démythifier le cancer, faire voler en éclats l'omerta qui l'entourait. Il y avait par le passé la formule rituelle : « Il est décédé des suites d'une longue maladie ». C'était comme le sida, on n'en parlait pas. Freddy Mercury avait été le premier à le dire. Tout le monde dans un certain milieu savait que Johnny avait cette saleté de maladie, mais il ne l'a avoué clairement qu'en fin de parcours. Il faudrait demander à Florent Pagny ce qu'il en pense, mais si aujourd'hui, Florent a annoncé publiquement qu'il avait un cancer, c'est aussi parce qu'un certain Bernard Tapie l'avait fait avant lui. Il n'avait pas tergiversé, pas attendu. Quand il se retrouvait en séance de chimio et qu'il voyait les malades alignés, certains attendant presque son arrivée, il était super fier de leur parler, de les écouter, de leur insuffler de l'énergie. Il les entraînait dans son sillage : se battre pied à pied, ne rien lâcher ! C'est parce que Tapie avait la même maladie qu'eux, qu'il était crédible à leurs yeux. S'ils avaient vu débouler à l'hôpital, le « mythe » Bernard Tapie en parfaite santé, ils auraient pensé : « Tu es qui toi pour nous donner des leçons ? Tu n'es pas à notre place! »

Même en pleine maladie, malgré la douleur intense, Tapie restait coquet, coiffé, rasé. À la maison, il était en mode détente, mais dès qu'il sortait pour se faire soigner par exemple, il était tiré à quatre épingles. Comme il avait beaucoup maigri et qu'il flottait dans ses vêtements, il mettait des petits pantalons cintrés qui avaient été coupés sur mesure. Pas question de déambuler dans des baggys, trop larges pour lui ! Quand ses cheveux, après être tombés, ont repoussé blancs, sur le coup, il a grogné, mais comme tout le monde lui affirmait que ça lui allait très bien, il s'y est habitué et après, il les a adorés ses cheveux blancs. En revanche, sa voix de fausset, il ne l'a jamais supportée ! Si je veux apporter une pointe d'humour, je dirais que sa voix cassée a reposé toute la famille. Il gueulait toujours, mais on l'entendait moins. Parce qu'avant qu'il ne tombe malade, côté décibels, c'était un festival ! À longueur de temps, à propos de tout et de rien, il discutait, s'énervait, se mettait en colère, il gueulait. Mais l'une de ses grandes qualités, c'était de savoir redescendre aussi vite qu'il était monté. Lors d'une conversation téléphonique, mon père était capable de m'envoyer promener dans les grandes largeurs, de me raccrocher au nez, puis de me rappeler deux minutes après : « Bon, alors, tu as vu le truc dont je t'ai parlé la semaine dernière ? C'est marrant, non ? » On venait juste de se déchirer au téléphone et il en faisait abstraction à une vitesse record. Comme je suis super rancunier, s'il sentait que je n'étais pas d'humeur, il rigolait : « Oh, ça va, c'est bon, c'est oublié ! » Jusqu'à la prochaine fois…

Nous étions tellement habitués à l'entendre vociférer qu'inconsciemment notre cerveau faisait le tri. On occultait tout ce qui n'était pas important et, au bout d'un moment, on ne l'écoutait plus. Mon père ne s'en rendait pas compte, et il finissait par parler tout seul. Le tri sélectif, chez nous, a été pratiqué bien avant qu'il soit tendance…

Autre grande différence avec moi, puisque je parle de nos relations estivales, c'était son incapacité à profiter de la vie, à laisser du temps au temps. S'il n'avait pas en permanence un téléphone dans la main et un autre en charge, il avait l'impression d'être coupé du monde. À part le pape, il appelait qui il voulait, quand il voulait. Et vice versa. Un mois et demi à peine après son élection, François Hollande lui envoyait un texto via son portable perso. Les hommes politiques ne pouvaient pas faire l'économie de contacts permanents avec lui…

Quelle que soit l'heure du jour ou de la nuit, Tapie téléphonait. Et il ne demandait jamais à son interlocuteur s'il le dérangeait ou pas. « Allô, c'est Tapie. Alors, je pensais à un truc… » Et quand l'autre, à 3 heures du matin, avait le malheur de dire : « Mais je dormais, là… », la réponse était automatique : « Et moi, tu crois que je dormais ? Si moi, je ne dors pas, tu ne dors pas… » Quand les autres roupillaient, Tapie réfléchissait, et dès qu'il avait une idée, il fallait qu'elle sorte. Et comme il avait dix mille idées à la seconde…

S'il jonglait avec le téléphone, avec l'ordinateur, c'était une autre histoire. Ce n'était pas sa génération et on a dû longtemps insister, ma petite sœur et moi, pour qu'il en achète un. Toute la famille s'est mise en quatre pour lui montrer comment il fonctionnait. Au début, il lisait un mail qui lui était adressé et il me demandait :

– Comment je réponds ?

– Tu cliques sur répondre…

– Ah, oui, ça marche, c'est marrant !

Avant d'avoir un ordinateur, Tapie ne connaissait que les fax ou les télex, c'est nous qui réceptionnions ses mails et les lui faisions passer. Puis il est arrivé à les lire et à en envoyer. En tapant avec un doigt, mais il y avait du progrès. La preuve ? Il parvenait même à aller sur « gogol », comme il disait… Quand on y réfléchit, c'est incroyable ce paradoxe : ce mec était capable de piloter un jet ou un Airbus et il ramait avec le clavier azerty d'un ordinateur ! C'est comme l'anglais, il le parlait aussi bien que Louis de Funès, ce qui n'est pas vraiment une référence… En vérité, Tapie apprenait ce qu'il avait envie d'apprendre, le reste, il s'en foutait. Pour lui, un ordinateur n'était même pas un outil, c'était un accessoire, même si plus tard, il a « surfé sur gogol ».

Le téléphone portable, en revanche, il maîtrisait. Et quand il en a eu plusieurs – un qui était sur écoute et l'autre que les grandes oreilles essayaient de mettre sur écoute –, c'était la catastrophe, surtout qu'il les perdait toutes les dix secondes.

– Où il est mon portable ?

– Tu viens de le poser il y a une minute, il doit être à côté de toi…

– Non, il n'y est pas !

– Cherche bien…

– Puisque je te dis que… Ah, ouais, je l'ai !

Pendant plus de dix ans, Tapie a eu le même numéro et comme il était plutôt du genre à le donner à droite à gauche, tout le monde l'avait. Les journalistes en particulier, qui se relayaient pour l'appeler. Vu de loin, c'était risible…

– Bonjour monsieur Tapie.

– Ouais.

– Vous avez deux minutes à m'accorder ?

– Non.

– Non, mais… parce que…

– Je viens de vous dire non. Vous n'avez pas compris ?

– Je peux vous rappeler plus tard ?

– Non plus, allez, bonne journée !

Bernard Tapie était un maniaque du téléphone. Avec la gestion de ses affaires et les ennuis qui lui tombaient régulièrement sur la tête, on pouvait comprendre son besoin de se tenir informé en permanence, mais quand même… Son cerveau était connecté en permanence, il ne savait pas se détendre, il avait toujours le pied sur l'accélérateur.

Il détestait tout ce qui était statique et ne savait vraiment pas quoi faire quand il n'avait rien à faire.

Un exemple significatif : je me souviens du jour où l'un de ses amis était venu nous chercher pour nous emmener en bateau pique-niquer dans une jolie petite crique...

Tout le monde embarque dans la joie et la bonne humeur. Après une balade d'une heure, on accoste et tout le monde s'installe confortablement. On se baigne, le soleil et la mer sont magnifiques, tout va bien, on est heureux. Arrive l'heure du déjeuner. On a à peine terminé de manger que mon père commence à tourner en rond.

– Bon, alors, on fait quoi ?

Comme cela ne sert à rien de lui expliquer que nous sommes très bien où nous sommes et surtout pas pressés de partir, personne ne répond. Mon père ne désarme pas et poursuit :

– Ouais, d'accord, elle est belle la crique, mais ça y est, on l'a vue, on la connaît !

Comme son ami s'aperçoit qu'il ne tient plus en place, il propose de lever l'ancre et de découvrir une autre crique, encore plus belle. Réponse de Tapie :

– Mais enfin, une crique, c'est une crique ! Ce n'est jamais qu'un gros caillou avec du sable et de l'eau autour !

Qu'est-ce qu'on pouvait lui répondre ? Rien. Il n'y avait rien à dire, c'était du Pagnol ! Évidemment, il se défendait bien d'obliger tout le monde à partir, chacun était libre de faire ce qu'il voulait… Dans ce genre de circonstances, sa grande phrase, c'était : « Mais je ne suis pas seul à décider, si ça vous fait plaisir de rester, on reste ! »

Deux minutes après, il se tournait vers moi.

– Tu veux rester, toi ?

– Euh… oui, quand même, un peu…

– Tu n'as jamais vu de crique ?

– OK, c'est bon, on y va…

– Non, mais tu rigoles, je ne veux pas te forcer, si ça te fait plaisir, on reste. Pas de souci !

Dix minutes plus tard, c'était plus fort que lui, il revenait à la charge.

– Je ne comprends pas pourquoi tu restes allongé, visite la crique puisqu'elle te plaît !

Trop c'est trop !

– J'ai compris, c'est bon, on se casse !

Et tout le monde pliait bagage…

De toute façon, il était clair que si nous voulions être tranquilles, il valait mieux ne pas aller l'été en bateau avec mon père. Dès que l'on cherchait un endroit agréable pour s'arrêter, il y avait toujours quelque chose qui le dérangeait.

– Non, pas ici, il y a trop de monde.

– Du monde, il y en a partout. À moins d'acheter la crique...

– Laisse tomber, ils vont venir me faire chier !

Tu te ranges à son avis, tu redémarres et tu te faufiles entre les plaisanciers pour trouver un endroit plus tranquille. Et c'est là que le comportement de mon père se révélait totalement paradoxal. Comme par hasard, il se plantait à l'avant du bateau pour que les gens le remarquent, pour qu'ils aperçoivent Bernard Tapie sur le pont. Et tant que les vacanciers avec le bob sur la tête et la bouteille de rosé à portée de main ne lui avaient pas crié : « Oh, Nanard ! Comment ça va, l'ami ? », rien ne pressait. Mais dès que c'était fait, il me disait : « Mets les gaz, on se tire ! » Même s'il se donnait des airs, Tapie adorait la reconnaissance des gens du peuple. C'en était même touchant...

L'été 2013, alors que j'avais prévu, comme chaque année, d'aller en Corse, ma belle-mère m'a demandé si, à la place, nous pouvions venir dans leur maison de Saint-Tropez. La longue garde à vue de Tapie dans l'affaire du Crédit lyonnais et les saisies qui avaient suivi l'avaient épuisé, il était à bout. En outre, il avait perdu sa maman peu de temps auparavant.

Tapie l'adorait, c'était le premier été qu'elle n'était pas avec lui et sa disparition l'avait rendu vulnérable. Quel que soit l'âge, quand à une telle épreuve affective s'ajoute une épreuve professionnelle majeure, tu prends un énorme coup derrière la tête. Mon père était affaibli et il était important que l'on soit à ses côtés pour l'entourer, lui changer les idées.

Comme ce n'était pas un homme qui se plaignait, il fallait savoir décrypter son comportement. Quand il me téléphonait plusieurs fois par jour pour ne rien dire, c'est qu'il n'allait pas bien. Dans ces moments-là, il n'avait pas l'air d'un vieux lion, mais d'un lion qui avait pris de l'âge. Ses crocs étaient toujours affûtés, mais il avait des rhumatismes dans les pattes. Après cette succession de coups durs, il n'était pas fatigué, il était las. Bien sûr, comme le commun des mortels, Tapie vieillissait. À plus de soixante-dix ans, on n'a pas les mêmes capacités de récupération qu'à vingt. Mais, cet été-là, c'était surtout son moral qui était atteint. À la limite, le voir ainsi ne m'a pas affolé, cela m'a rassuré. Je croyais que mon père n'avait plus de sang dans les veines, que de la testostérone. Il était redevenu un être humain.

Un après-midi, une fois de plus, on prend la mer tous ensemble. Je précise à l'intention des esprits malveillants que nous n'étions pas sur un yacht, mais sur un semi-rigide sans prétention… À un moment donné, nous sommes obligés de passer au milieu de petits bateaux et nous nous retrouvons parmi les plaisanciers. Des gens modestes, pas des milliardaires dont d'ailleurs mon père se foutait royalement. Chaque fois que l'on croisait une barquette, on entendait : « Ohé, Nanard ! Tiens le coup, c'est toi le meilleur ! » Quand nous sommes arrivés à hauteur de deux bateaux qui étaient en couple, donc à l'arrêt, amarrés l'un à l'autre, tous les gens qui étaient dessus se sont mis à l'applaudir. On ne peut pas imaginer à quel point leur réaction a touché mon père. Même s'il croyait n'en laisser rien paraître, il avait les yeux humides. Cet hommage spontané lui a enlevé un gros poids du cœur et lui a redonné de l'énergie. C'était la reconnaissance de son milieu, celui dont il partage les valeurs et pour lequel il était vraiment fait.

# – 8 –

## Tapie à l'ombre...

Je n'ai pas expliqué à mon père pourquoi je ne suis jamais allé le voir en 1997, quand il était en prison à la suite de sa condamnation dans l'affaire OM-VA. Pas une seule visite pendant toute son incarcération. Je sais qu'il m'en a voulu, il m'a même fait la gueule. Il a sans doute pensé que j'aurais pu faire un effort. De la part d'un fils, visiter son père en prison, c'est la moindre des choses. J'ai essayé... Quatre ou cinq fois, je me suis retrouvé sur le trottoir devant la prison de la Santé mais je n'ai pas eu le courage de passer la porte. Exceptionnellement, j'ai d'abord pensé à moi. J'ai ressenti le besoin égoïste de me préoccuper de ma petite personne en priorité. Il était hors de question que je garde en mémoire l'image de Tapie derrière les barreaux, cette vision m'aurait été insupportable.

J'avais toujours en tête le souvenir de la dépendance de ma mère et je ne voulais, je ne pouvais pour rien au monde y ajouter celui d'un père qui n'était plus le Tapie flamboyant, mais le Tapie déchu. Toutes les défenses que j'avais construites depuis mon enfance se seraient lézardées, je me serais effondré, ou peut-être pas, mais je ne voulais pas en courir le risque. Et puis, bizarrement, j'avais peur de le voir là où je l'avais mis. Ce sentiment de culpabilité n'a pas disparu, il m'étreint encore aujourd'hui.

Je n'ai pas été, et de très loin, le fils préféré de mon père. Dans mon enfance et ma jeunesse, il ne m'a pas beaucoup vu… Même si on était très proches, on n'avait pas de rapports intimes.

À aucun moment, je n'ai conçu d'aigreur ou d'amertume de ne pas être son enfant préféré, mieux, je le comprends très bien. Moi aussi, je suis père, on peut avoir plus d'affinités avec l'aîné dans un domaine, s'entendre mieux avec la cadette sur un autre plan, c'est normal. J'ai toujours trouvé très triste que cette notion de « préféré » puisse créer des tensions, des jalousies au sein d'une famille. Mais, de toute façon, j'étais le préféré de ma mère, donc je m'en foutais !

Je n'ai jamais dit à mon père que je n'avais pas une admiration inconditionnelle pour lui, mais il le sentait. Quand il me racontait sa dernière réussite ou une situation où il avait encore brillé, je lui répondais : Oui, c'est bien…

– Mais tu ne te rends pas compte, c'est exceptionnel !

– Oui, mais… c'est bien.

Je ne réagissais pas ainsi pour l'agacer, ce n'était pas calculé, je me moquais complètement de le mettre en boule. J'étais super fier du challenge qu'il avait réussi à relever, mais… Évidemment, mon comportement à son égard le laissait perplexe. Tapie se demandait : « Comment l'un de mes enfants peut-il ne pas être en admiration devant moi ? Il y a des gamins qui m'arrêtent à chaque coin de rue pour me dire que je suis leur héros, comment est-il possible que je ne sois pas le héros d'un de mes fils ? »

Mon frère Laurent, lui, n'a jamais caché qu'il était super fan de Tapie. Moi, je suis fan d'Ayrton Senna, pas d'un homme d'affaires ! Un fan, quoi que tu fasses, il te trouve génial, ce n'était pas ma façon de réagir avec mon père. S'il voulait que je le mette systématiquement sur un piédestal, c'était raté. J'étais cash, je ne dissimulais pas ma façon de penser. Quand il passait à la télévision par exemple, il m'appelait directement après pour savoir comment je l'avais trouvé. Il m'est arrivé deux ou trois fois, quand il avait été, selon moi, franchement mauvais, de ne pas prendre son appel. Ça le rendait fou que je ne décroche pas, mais comme je savais que nos échanges allaient être virulents, je mettais mon téléphone en mode avion. Je le rappelais deux ou trois jours plus tard et on parlait d'autre chose, c'était préférable... De toute façon, il était conscient quand il n'avait pas été bon, mais ce qui l'intéressait avant tout, c'était de savoir si j'allais l'avouer et donc être honnête avec lui. C'était quand même pervers, ce truc : si j'exprimais le fond de ma pensée, ça l'enrageait et si je ne le faisais pas, ça l'enrageait aussi. Il fallait un décryptage supersonique du bonhomme pour le suivre !

Mais, quelle que soit ma place dans la fratrie, j'étais tout de même l'aîné, celui sur lequel mon père pouvait compter, en toutes circonstances. Comme je répondais toujours présent lorsqu'il avait un coup dur et besoin de moi : à l'époque de l'affaire OM-VA, je lui avais proposé de l'emmener quai des Orfèvres pour se constituer prisonnier. Depuis cet épisode dramatique, j'éprouve un énorme sentiment de culpabilité. Mon ressenti échappe à toute tentative de rationalisation, il ne tient pas la route, mais cela ne change rien à ce que j'éprouve. Le soir où je l'ai laissé quai des Orfèvres, j'ai eu l'impression de le livrer aux flics, de me conduire comme une grosse balance...

*
* *

En 1997, quand Bernard Tapie a su qu'il n'échapperait pas à l'incarcération, sa condamnation à huit mois ferme étant définitive, il a décidé de « s'entraîner » à la vie en prison. Deux ou trois heures par jour, parfois plus, il s'enfermait dans sa cave, sans téléphone bien sûr, avec juste un livre ou quelques feuilles de papier pour écrire. Parfois, il y restait toute la nuit. Il se fixait une heure avant laquelle il ne sortirait sous aucun prétexte afin de ne pas foutre en l'air toute sa préparation. Tapie voulait se conditionner, lentement mais sûrement, à l'enfermement : « Apprendre à être solitaire ». Je pense que c'était une excellente idée ; si un homme comme lui, du jour au lendemain, se retrouvait entre quatre murs, il se serait flingué. Un lion en cage, au bout d'un moment, perd la flamme qu'il avait dans l'œil. Son instinct sauvage le quitte, et il devient docile. Pour un homme comme Bernard Tapie, être docile, cela signifiait être cassé, abdiquer.

Le 3 février 1997 était la date butoir, il n'y avait plus de voies de recours, il devait se constituer prisonnier en fin d'après-midi. Devant l'hôtel particulier de la rue des Saints-Pères étaient massés une centaine de journalistes. Le doigt sur la « détente » de leur appareil, les photographes attendaient de « shooter » Nanard. Les plus baraqués, ceux qui avaient joué des coudes pour s'imposer, étaient au premier rang et derrière s'alignaient les moins costauds, mais tous rêvaient de mitrailler un Tapie le visage décomposé. Peut-être même pensaient-ils qu'avec un peu de chance ils décrocheraient le gros lot en le shootant en gros plan, en train de pleurer. Il y avait également les journalistes qui répétaient leur texte et comparaient leurs questions avec celles du voisin pour savoir qui allait poser la plus « intelligente » : « Comment vous sentez-vous ? », « Que vous a dit votre femme ? » « Qu'avez-vous fait cet après-midi ? » « Comment avez-vous dormi cette nuit ? » Il régnait dans la rue un climat de curée. J'avais l'impression d'une chasse à courre au gros gibier. Bernard Tapie ne l'ignorait pas et refusait d'être la cible des journalistes en leur offrant le visage de la défaite. Quant à moi, j'avais passé la journée à faire des allers-retours en voiture, j'étais donc bien placé pour savoir que les journalistes faisaient barrage. Comment les éviter ? À un moment, l'avocat de Tapie, maître Jean-Yves Liénard, s'est tourné vers lui et a demandé :

– Cela ne va pas être facile... J'appelle une ambulance ?

En général, c'est le moyen classique pour quitter discrètement un endroit. Les vitres sont opaques, l'arrière n'offre pas de visibilité, difficile d'identifier celui qui est à l'intérieur d'une ambulance et encore plus de le photographier. Il aurait suffi que l'ambulance pénètre dans la grande cour, que Tapie s'engouffre dedans et qu'elle démarre en trombe après avoir franchi la porte. Mais pour mon père, cela était hors de question. Partir en ambulance ? Et puis quoi encore ! Alors, je suis allé près de lui et je lui ai dit :

– Écoute, ce n'est pas compliqué. Depuis ce matin, je n'arrête pas de sortir et de rentrer. Les journalistes se sont habitués à mes allers-retours. Ce n'est pas une fois de plus qui risque de les étonner. Je vais t'installer dans le coffre de la voiture et t'emmener. C'est la seule solution pour que demain, il n'y ait pas d'image de toi dans la presse ou à la télé...

Je sentais qu'intellectuellement, psychologiquement, mon père était déjà en prison. Il n'avait pas voulu de repas d'adieu ou quoi que ce soit qui puisse l'affaiblir en entamant son énergie et sa détermination. Nous étions tous à ses côtés dans l'hôtel particulier. Tapie avait bien abordé en famille le sujet de son incarcération, mais avec sa pudeur naturelle, c'était avant tout pour nous rassurer : « Mais non, ça va être tranquille, pas de souci ! » Il faut reconnaître qu'il s'est toujours comporté comme un bon père dans les situations difficiles, minimisant les moments de grande tension ou les grosses épreuves qu'il traversait. Mais comme, dans la famille, nous ne sommes pas complètement idiots, nous savions que, pour nous protéger, il ne nous disait pas toute la vérité. Alors, on fantasmait, et l'imagination est parfois pire que la réalité. Quoi qu'il en soit, l'heure n'était pas à l'attendrissement, mais à l'action et, brusquement, Tapie s'était fermé. Il était passé en mode incarcération. Tout le processus se déroulait de façon machinale. Il était prêt, nous étions prêts.

Ma voiture était un 4 × 4 Cherokee. Tapie avait décidé de partir plus tôt que prévu. Deux véhicules banalisés sortirent de la cour avant nous, pour donner le change aux journalistes qui, aussitôt, les ont pris en chasse. J'ai installé mon père dans le coffre du 4 × 4 et on a tracé.

Au lieu d'aller directement quai des Orfèvres, Tapie, une fois sorti du coffre du véhicule, a préféré se promener en voiture dans Paris, fenêtres grandes ouvertes pour respirer l'air de la capitale. Mais comme l'heure avançait, il a bien fallu se résoudre à rejoindre le quai des Orfèvres… À un moment, je me suis retrouvé à une porte de Paris et j'ai vu inscrit « Lyon » sur un panneau de signalisation. Là, j'ai eu une illumination et je me suis dit : « Mais, bien sûr… Lyon, Lyon-Marseille, Marseille-la Corse, ils ne le retrouveront jamais ! » Je n'ai pas parlé de mon plan à mon père, mais pendant trois bonnes minutes, ce fut pour moi une évidence : « Je le planque, ça y est, c'est bon… Allez tous vous faire voir ! » C'était comme une délivrance, un moment de grâce qui me soulageait de toute la tension accumulée depuis des jours. Rien n'existait à part ce désir impérieux de l'arracher à la prison. C'était une pulsion, un instinct de fuite, j'étais dans un monde parallèle. Puis, brusquement, j'ai pensé à ma petite sœur Sophie et je suis redescendu sur terre. Elle n'allait quand même pas vivre et grandir avec un père en cavale… Tapie ne disait rien, ce qui est rare, mais il était au téléphone, ce qui l'est beaucoup moins.

Quand nous sommes arrivés sur les bords de la Seine, non loin du quai des Orfèvres, j'ai appelé l'avocat de Tapie, qui était sur place.

– Voilà, on est bientôt devant…

Maître Liénard m'a répondu qu'il prévenait immédiatement qui de droit et faisait ouvrir les portes. Tapie s'est caché à nouveau dans le coffre et malgré la foule de journalistes qui l'attendait, personne n'a réussi à le prendre en photo. C'était exactement ce que nous voulions, nous avions réussi notre coup. Malgré le contexte dramatique, nous avons éprouvé un sentiment de satisfaction, on ne leur avait pas offert ce plaisir…

Nous nous sommes retrouvés dans la cour du quai des Orfèvres. Je suis descendu de la voiture, j'ai embrassé mon père et j'étais sur le point de repartir quand les lourdes portes donnant sur l'extérieur se sont fermées. Aussitôt, un fourgon cellulaire s'est garé juste devant, barrant l'accès. Je me suis tourné vers l'avocat de Tapie et je lui ai dit :

– Il faut que je sorte. C'est bouché, comment je vais faire ?

Il s'est renseigné auprès d'un flic qui lui a répondu :

– Ce n'est plus possible maintenant, il faut attendre et sortir après.

Je m'étais approché et j'avais entendu. J'ai demandé au policier :

– Après quoi ?

– Vous voyez le fourgon cellulaire ? m'a-t-il répondu. C'est celui qui va emmener votre père. Vous partirez quand lui sera parti.

Aujourd'hui encore, il m'est impossible d'estimer le temps que j'ai passé à attendre tellement il m'a semblé interminable. Désœuvré, je piétinais dans cette grande cour en forme de cuvette, bordée de tous les côtés par des bâtiments de plusieurs étages. La nuit était tombée et, comme les fenêtres étaient éclairées, je voyais mon père passer de pièce en pièce. Chaque fois qu'il sortait de l'une pour rentrer dans l'autre, il jetait un coup d'œil dans ma direction, repérait où j'étais et me faisait un petit signe, genre : « Ne t'inquiète pas, tout va bien. Cool ! » J'étais debout au milieu de la cour et j'avais l'impression d'être dans une autre dimension, c'était surréaliste de voir mon père dans ce contexte. Le manège s'est répété plusieurs fois, jusqu'au moment où j'ai vu un flic sortir du bâtiment en tenant le sac de Tapie, puis le déposer dans le fourgon. Quelques minutes plus tard, c'était au tour de mon père d'apparaître dans la cour, menottes aux poignets. Les flics avaient essayé de les cacher avec son blouson, mais elles restaient visibles. Cette fois, il n'a pas levé la tête vers moi. J'ai pensé qu'il était en larmes, sa vue m'a été insupportable. Plus tard, Tapie racontera qu'une fois dans le fourgon, il s'était jeté par terre et avait sangloté. Il avait essayé de me faire signe, mais j'étais en contrebas et je ne le voyais pas. J'étais désemparé, planté au milieu de cette cour dans le froid, n'ayant en tête que la vision de mon père, tête basse, montant dans le fourgon. Il s'était préparé mentalement à tout : au juge, aux menottes, au fourgon, à la prison, mais pas à ce que je sois le témoin de cette humiliation. Il avait mis en place tout le côté technique, mais il avait oublié l'aspect émotionnel… Jusqu'au moment où il est entré dans le fourgon, il avait eu assez de volonté pour donner le change et faire bonne figure, mais ma présence et nos émotions ont tout flingué. Je pense que ce moment a été terrible pour lui. Devant mes yeux, il s'était montré faible, aux ordres, en situation de soumission. Il était détruit, toutes les digues qu'il avait construites venaient de s'effondrer.

Tout a été très vite ensuite, le fourgon, encadré par une escorte, est sorti toutes sirènes hurlantes. Je l'ai vu s'éloigner sous le crépitement des flashs, poursuivi par une horde de journalistes dont certains à moto. Je suis remonté dans ma voiture, j'ai quitté le quai des

Orfèvres, puis j'ai coupé le contact et suis resté à l'arrêt, les yeux dans le vague. Je me disais : « Mais c'est toi qui viens de le livrer ! Tu n'as pas eu le courage de le faire évader, même contre son gré. Tu n'es qu'une grosse balance, tu l'as livré pieds et poings liés ! » Je ne me suis jamais senti aussi coupable de ma vie. En plus, l'idée que ma présence l'avait certainement déstabilisé renforçait mon sentiment de culpabilité. Mon émotion, même si elle n'avait rien de rationnel, reste encore aujourd'hui toujours aussi forte. Cette impression de l'avoir livré...

Cinq minutes à peine après mon départ, je m'en souviendrai toute ma vie, j'ai reçu le premier coup de téléphone. C'était de Patrick Poivre d'Arvor.

– Je sais que tu viens de l'emmener... Si tu as besoin d'en parler, appelle-moi ou passe me voir, je serai toujours là pour toi.

Patrick est le seul à avoir pris quatre ou cinq fois de mes nouvelles pendant toute cette sale période. Et pourtant, ce n'était pas un intime. Pourquoi ? Peut-être parce qu'à un moment, avant de disparaître dans des conditions atroces, sa fille Solène avait travaillé dans mon équipe et que je m'entendais bien avec elle. C'est sans doute pour cette raison qu'il a tenu à me dire que je pouvais compter sur lui. Ça m'a réconforté et agréablement surpris.

*
* *

En 1993, l'année où éclate ce qui va devenir l'affaire OM/VA, j'ai vingt-quatre ans et tout roule pour moi. Je suis animateur à TF1, ma vie professionnelle est très épanouie, et surtout, je vais être père d'un petit garçon qui naîtra au mois d'octobre. Ce petit bout de chou ignore encore qu'il va débarquer dans un monde où son grand-père passe pour le plus grand escroc de la planète… Moi aussi d'ailleurs, et ces vacances sont l'une des rares périodes euphoriques de ma vie. Depuis pas mal d'années, avec ma mère, nous avions quitté la région parisienne pour nous installer à Marseille et, en ce début d'été, je suis fier que, grâce à mon père, cette ville, « ma » ville, soit championne d'Europe de football.

Entre Bernard Tapie, Marseille et son équipe de football, l'Olympique de Marseille, ce fut une histoire d'amour qui ne s'est jamais démentie.

Même quand Tapie a été ministre et qu'il a dû renoncer à sa carrière de businessman pour rentrer au gouvernement, il n'a pas lâché les rênes de l'OM. Il était viscéralement attaché à ce club et à Marseille. Pour lui, Marseille était bien plus qu'une ville, c'était une entité. Comme mon père, je considère qu'elle a une âme et, comme une femme, tu l'aimes, tu la détestes, tu as envie d'elle, tu lui en veux. Elle ne génère que des relations passionnelles, personne ne peut lui rester indifférent.

Malade et jusqu'à la fin, Tapie a regardé tous les matchs de l'OM. Chez lui, rue des Saints-Pères, dès que l'heure de la rencontre approchait, il s'installait dans le salon vert collé à sa chambre. Il était toujours à la même place, allongé dans *son* fauteuil, en réalité une méridienne, avec *sa* télécommande qu'il tenait toujours dans la même main, une télécommande que, pour une fois, il ne perdait pas et ne cherchait pas partout. Son fauteuil, c'était sa chasse gardée, pas question de le lui piquer ni de s'asseoir dessus. Si ça arrivait par inadvertance ou par malice, il trouvait toujours une bonne raison pour que tu dégages !

La première chose qu'il faisait quand il regardait un match, c'était de scruter les tribunes et la foule des supporters pour voir s'il y avait des banderoles qui lui étaient destinées. Dès qu'il les avait repérées : « Tiens le coup, Boss ! », « Bernard à jamais le premier », « Courage et merci, Boss ! » il avait la gorge serrée et il essuyait les larmes qui lui montaient aux yeux. Une phrase revenait en boucle dans sa bouche : « Tu te rends compte, 80 % des gens qui sont dans le stade n'ont jamais connu mon époque, et pourtant ils sont là à me manifester leur soutien avec leurs banderoles. Ça signifie que j'ai peut-être servi à quelque chose pour ces gamins. Ces mômes, j'existe encore pour eux. » Pour Tapie, le soutien des Marseillais était une preuve d'amour.

Dès que le match était lancé, il était à fond. Il s'indignait, s'excitait, voulait téléphoner au président de l'OM pour lui dire, vertement, sa façon de penser. Chaque fois, il me demandait : « T'as pas son numéro ? » Chaque fois, je trouvais toutes les excuses possibles et inimaginables pour ne pas le lui donner. Alors, il appelait Basile Boli qui est président d'honneur de l'OM et qui était toujours au stade. Il gueulait :

– Basile, va dire à celui-là de faire ci et à l'autre de faire ça !

Le Basile lui répondait : « Oui, Boss, j'y vais tout de suite, Boss ! » Pourtant Tapie était mal en point, mais quand l'OM jouait, il n'était plus malade. La douleur physique ne s'évanouissait pas comme par enchantement, mais les soirs de match, il la transcendait, il prenait sa dose d'adrénaline.

À Marseille, Tapie n'avait pas à forcer sa nature, il était parfaitement raccord. Il serait né et aurait été éduqué dans la cité phocéenne, ça aurait été pareil, on n'aurait pas vu la différence. Il avait le contact facile, le tutoiement facile et « l'envoyer-chier » à l'avenant. Bernard Tapie, c'était le Marseillais dans toute sa splendeur, à part qu'il ne buvait pas de pastis ni aucun autre alcool. Ce n'est pas étonnant que les Marseillais l'aient reconnu comme l'un des leurs et aient été bouleversés par sa mort. D'ailleurs, aujourd'hui encore, quand je repense à mon père, l'image qui s'impose immédiatement à mon esprit, ce n'est pas son visage, mais la vision de cette foule qui était présente pendant les deux jours qu'ont duré ses obsèques à Marseille.

Déjà à Marignane, quand nous sommes entrés dans l'aéroport et que j'ai vu toutes ces personnes qui nous attendaient pour nous soutenir, c'était tellement intense, si puissant, que j'ai eu l'impression d'être enveloppé par un nuage d'amour, par une vague qui m'a porté et ne m'a plus quitté. C'est pourquoi, aux infos ou dans les reportages à la télévision, aussi bien à l'enterrement qu'au stade Vélodrome, on ne me voit pas pleurer. J'étais triste bien sûr, mais il y avait autour de moi tant de solidarité et d'affection ! Cette ferveur était plus forte que mon chagrin. Elle émanait de « vraies gens », de ceux finalement, dont mon père s'est toujours revendiqué et qui, de la naissance à la mort, l'ont accompagné. Le jour de l'enterrement, la boucle était bouclée, il rentrait à la maison, parmi les siens.

Bernard Tapie a respecté Marseille comme elle devait être respectée. Grâce à ses succès avec l'OM et au travail qu'il a effectué sur le terrain en tant que député puis ministre, les Français ont appréhendé différemment cette cité. Les règlements de comptes entre voyous et le pastis ont été relégués au second plan.

Les Marseillais n'ont pas la mémoire courte, ils se souviennent encore des écoles de commerce et de vente que Tapie a créées quand il était député et de celle qu'il a installée dans leur ville. Son projet était de former rapidement des jeunes talentueux, mais inadaptés au monde économique, et de leur trouver un emploi. Le recrutement des élèves était principalement axé sur des qualités comme le courage, la motivation et l'imagination. Certains cours portaient sur les techniques de communication et insistaient sur l'être, le paraître, la confiance en soi, mais d'autres dispensaient un enseignement professionnel auquel s'ajoutaient des stages en entreprise.

Il y avait trois obligations pour entrer dans les écoles de Bernard Tapie : être âgé de dix-huit à vingt-cinq ans, ne pas être diplômé et être au chômage. Ce n'est pas ordinaire, d'habitude il faut être bac + 3 (minimum !) et avoir un contrat d'entreprise. Tapie, lui, exigeait l'inverse. C'était une façon de lutter contre le gâchis de tous ces jeunes qui, malgré leurs capacités, restent sans boulot. La formule était efficace puisque 74 % des inscrits trouvaient un travail en moins de trois mois...

Cela marchait si bien qu'à un moment donné Tapie s'est fait avoir. Il y avait des postulants bardés de diplômes qui venaient s'inscrire en affirmant n'avoir aucune formation !

Il m'est arrivé d'assister à l'un des cours de Bernard Tapie. Je me souviens d'un garçon très réservé parmi les étudiants, à peine s'il osait prendre la parole... Il a fini par se lever et, avec une petite voix, a expliqué :

– Excusez-moi, mais quand j'essaie de vendre un produit à un éventuel acheteur, je suis tellement timide que je perds tous mes moyens…

Tapie a réussi à lui enfoncer dans le crâne que la timidité était aussi un argument de vente, que le bateleur qui baratine le client, le noie dans un flot de paroles et a réponse à tout, n'est pas le seul à pouvoir réussir, qu'un timide a d'autres armes et que, s'il sait les utiliser, il peut se révéler tout aussi performant que la grande gueule. Devant une vingtaine de mômes qui avaient quasiment mon âge, il a fait un exposé magistral en dix minutes en leur répétant qu'ils avaient tous un don et qu'ils devaient l'exploiter. C'est là qu'il était fort, très fort. Il n'y en avait pas deux comme lui pour expliquer, avec une puissance de conviction fantastique, que les défauts ne sont pas des freins, mais qu'ils peuvent au contraire se métamorphoser en qualités. Tapie réussissait l'exploit de tirer la quintessence et le meilleur de chacun.

L'autre grand atout de Bernard Tapie, c'était sa proximité avec les gens. Il l'a toujours revendiquée : « Ministre ou pas, quand j'arrive à une station-service, le pompiste m'appelle toujours Bernard et il me tutoie. Je ne peux pas entrer dans un bistrot sans qu'un adolescent se comporte de la même façon. Cette familiarité révèle l'envie d'avoir une relation affective avec moi. »

Il était brut de décoffrage. On l'aimait ou on le détestait, mais en public comme en privé, il s'offrait le luxe d'être lui-même. Mais sa particularité, c'était qu'avec la palette intellectuelle et culturelle qui était la sienne, il pouvait aussi bien discuter une heure avec François Mitterrand qu'avec René Malleville, le supporter très haut en couleur de l'Olympique de Marseille, disparu peu de temps après lui. Tapie s'adaptait à une vitesse fulgurante aux gens qui l'entouraient, mais cette proximité n'empêchait pas les Marseillais de lui manifester un profond respect. Les supporters ne sont pas du genre à tourner neuf fois leur langue dans leur bouche avant de parler, mais ils n'ont jamais cherché à lui donner des conseils footballistiques ou à lui expliquer ce qu'il devait faire. De toute manière, je parle d'une époque où, au maximum, l'OM perdait deux ou trois matchs dans la saison. Qu'est-ce qu'ils auraient pu critiquer, les supporters ?

Quand Tapie était à la tête de l'Olympique de Marseille – de 1986 à 1994 –, tous les Marseillais étaient derrière lui et, au besoin, lui filaient un coup de main en surveillant les joueurs. C'était comme dans un village, tout le monde était au courant des endroits que fréquentaient les membres de l'équipe et de ce qu'ils y faisaient. Tout un réseau local les espionnait spontanément, au cas où ils auraient préféré le plaisir à l'entraînement. Quand deux ou trois joueurs essayaient d'entrer dans une boîte, ils étaient refoulés sans ménagement par le patron : « Ça va pas la tête ? Vous avez un match demain, vous avez oublié ? Vous disparaissez ou j'appelle immédiatement Tapie ! » Les propriétaires avaient tellement peur de se prendre une avoinée du Boss qu'ils préféraient perdre des clients.

Tapie savait tout de ses joueurs, sur le plan professionnel comme sur le plan privé, rien ne lui échappait. Il les connaissait mieux qu'ils ne se connaissaient eux-mêmes. D'autant que, souvent, c'étaient eux qui lui confiaient leurs problèmes conjugaux ou... extraconjugaux. Tapie était en parfaite osmose avec ses joueurs et il avait su leur inculquer, au plus haut point, la rage de gagner et la haine de perdre.

On ne peut pas se rendre compte à quel point les footballeurs sont professionnels si l'on n'a pas vécu, comme Tapie, avec eux. À l'époque, je passais, moi aussi, mon temps avec les joueurs, j'étais admis dans leur cercle restreint. J'ai été témoin des sacrifices colossaux auxquels ils consentaient pour être au top niveau et, aujourd'hui encore, rien n'a changé. Plus le football évolue et devient un business, plus les joueurs doivent être pros. Ce ne sont pas que des milliardaires qui roulent en Lamborghini, 95 % d'entre eux sont de très grands professionnels. Leur discipline personnelle est terrible. Ils sont enfermés en permanence, surveillent leur alimentation au gramme près, ne transigent pas sur leurs heures de sommeil. S'ils boivent une coupe de champagne à Noël ou au jour de l'an, ils s'ajoutent eux-mêmes des heures d'entraînement. Ce sont des moteurs de Ferrari ultra bien rodés. Quand Zidane, avant de l'annoncer publiquement, a dit à Tapie – avec lequel il était régulièrement en contact – qu'il arrêtait le foot, c'est parce qu'il n'arrivait plus à trouver la motivation. Depuis l'âge de dix ans, il avait évidemment puisé dans ses réserves physiques, mais également dans ses réserves intellectuelles et ses ressources psychologiques, il était épuisé. Et pourtant, avec le don formidable qui était le sien, ce n'était pas le joueur le plus sérieux à l'entraînement. D'autres champions, en revanche, étaient des stakhanovistes du ballon.

Jean-Pierre Papin, lui, était un Viking du foot. À l'échauffement avant un match Marseille-Saint-Étienne au stade Vélodrome, je l'ai vu prendre un coup terrible sur le pied. Il avait un hématome inimaginable et une large entaille. Bien sûr, il refuse d'arrêter et, comme ça se faisait à l'époque, le soigneur lui met une escalope de veau sur la bosse (pour limiter l'œdème et amortir les chocs), un strapping par-dessus, et Papin retourne aussitôt sur le terrain. Il a marqué deux buts ce jour-là. Et tout ce qu'il a trouvé à me dire en rentrant, c'est : « Tu vois, ça a tenu ! »

La première année où Jean-Pierre Papin était à l'OM, c'était une espadrille, ce mec ! Les initiales de son nom – JPP – signifiaient alors : « J'en peux plus ! » Il était devant la cage, il tirait, et le ballon atterrissait dans les tribunes. Mais après chaque entraînement, il enchaînait les reprises de volée dans tous les sens, de tous les côtés, encore et encore, jusqu'à ce que ça devienne machinal, que ce soit un automatisme. Il travaillait d'arrache-pied. Jean-Pierre Papin n'était pas né avec le don de pouvoir mettre des « papinades », ses fameux retournés acrobatiques, mais c'était un putain de bosseur. À l'apogée de sa carrière, même les yeux bandés, il sentait où était le but. Sans avoir besoin de réfléchir, il voyait un ballon arriver et, en une fraction de seconde, vlan, ça partait ! Mais avant d'en arriver là, que d'efforts ! C'était le plus gros consommateur de chaussures de foot de l'équipe. Et quelle puissance dans la frappe ! Pendant un match, il a cassé deux doigts à un gardien lors d'une reprise de volée...

Une petite anecdote me revient en mémoire à propos de Papin... Un jour, mon père m'appelle et me dit : « Jean-Pierre ne va pas bien, il a des problèmes personnels, emmène-le se détendre ». Et nous partons tous les deux en vacances aux Seychelles. Papin, c'était un éternel gamin, un taré du foot. On lui enlevait le ballon, c'était pire qu'un chien furieux qu'on lui ait retiré son os, il devenait fou. Les vacances sont courtes chez les footeux, mais des vacances sans foot, pour Jean-Pierre Papin, c'était impensable. Tous les soirs, à 5 heures, il recrutait dix black qui n'en croyaient pas leurs yeux, et il organisait un match sur la plage. Comme c'était la période de trêve estivale, l'air de plaisanter, je lui glissais : « Jean-Pierre, vas-y mollo quand même ! » J'imaginais déjà la tête de mon père s'il rentrait blessé... Un soir, je vois qu'il rate quelques trucs, mais il n'y a pas de quoi en faire un drame. Le soleil se couchait sur un match plus qu'amical, sur du sable et contre des locaux, quand il rate une reprise de volée. Il s'arrête net et explose en se traitant de tous les noms : « Mais c'est pas possible, ça ! » Il était tellement enragé que j'ai dû intervenir pour le calmer.

C'est Bernard Tapie qui a transformé Jean-Pierre Papin en machine de guerre. Il lui a insufflé la haine de la défaite. Un jour où l'OM avait gagné quatre à zéro, JPP avait raté deux buts pendant la rencontre. Il est rentré aux vestiaires, a retiré ses chaussures et s'est mis à taper comme un fou sur les portes. Jean-Pierre était dingue, il fallait qu'il marque.

Même si Jean-Pierre Papin était passé, quelque temps avant la finale de la coupe d'Europe en 1993, dans le camp adverse, au Milan AC, c'est avec des joueurs de sa trempe que l'OM allait l'emporter. Après le match, alors que son équipe avait été battue par les joueurs marseillais, malgré son abattement, il est venu m'embrasser et m'a dit : « Je suis très content pour vous tous et pour Marseille ! »

*
*   *

Rappel des faits. Il y a presque trente ans, le 26 mai 1993, à Munich, l'Olympique de Marseille remporte la fameuse Ligue des clubs champions face au Milan AC, par un but à zéro. Toute la France est devant la télé. On y voit Tapie, en larmes, traverser la pelouse en remerciant le ciel avant d'être porté en triomphe par les joueurs. Après trente-huit ans d'attente, la France exulte, mais à Marseille, c'est de la folie. Les supporters massés sur la Canebière scandent le nom de Nanard, les rues débordent de gens fous de joie, les feux d'artifice explosent au-dessus du Vieux-Port. Il règne dans toute la ville une ambiance de liesse générale, c'est du délire. Un avant-goût de la Coupe du monde de 1998...

Au cours de ce match haletant, il y a eu un moment d'anthologie. À l'époque, Basile Boli était un pur champion, une bête de foot. Mais il avait encore en tête la défaite de l'OM en finale d'une coupe d'Europe deux ans auparavant. Il ne voulait pas revivre cet échec qui avait été pour lui une catastrophe.

En plein match contre le Milan AC, Boli est violemment percuté par un joueur adverse. Tous les Français qui suivent la retransmission, et ils sont nombreux, le voient rejoindre en boitant son entraîneur, Raymond Goethals, surnommé « Raymond la Science ». Logiquement, il doit le sortir du terrain et il dit à Tapie avec lequel il est en liaison par talkie-walkie :

– Basile ne peut pas continuer, il s'est fait mal !

Tapie répond, catégorique :

– Rien à faire, il ne sortira pas ! Je l'interdis !

Boli se traîne jusqu'à Goethals. Comme ce dernier le racontera plus tard avec son accent belge à couper au couteau, Boli lui montre sa jambe esquintée et attend sa réaction.

– Alors ?

Et Goethals répond, du tac au tac :

– Ah, l'autre con de Tapie, il a dit non, tu restes sur le terrain…

Basile Boli avouera par la suite qu'à ce moment il avait pensé : « Il veut quoi, le Boss ? Il veut ma mort ? »

En réalité, si Bernard Tapie ne doutait pas que son joueur avait pris un coup et qu'il souffrait, il restait sceptique sur la gravité de la blessure. Pour lui, c'était dans la tête de Boli que ça se passait…

Quelques minutes avant la mi-temps, à la suite d'un corner d'Abedi Pelé, Basile s'extrait du marquage de deux joueurs du Milan AC en sautant – malgré sa jambe blessée ! –, reprend de la tête et marque ce qui sera le seul but de la rencontre. À la mi-temps, Tapie descend dans les vestiaires, se tourne vers Boli et lui demande, non sans ironie :

– Ça va mieux ta jambe, ou tu veux toujours sortir ?

– Ça va mieux, Boss... Merci.

Le Milan AC ne parvient pas à égaliser dans la seconde période. Au coup de sifflet final, c'est du délire dans le clan marseillais, l'Olympique de Marseille vient de gagner la coupe d'Europe ! Que se serait-il passé si « l'autre con » de Tapie, comme avait dit Goethals, n'avait pas ordonné que Basile reste sur le terrain ? C'est une question que je me suis toujours posée...

Depuis, Basile Boli a expliqué que, même s'il avait mal, sa blessure était plus morale que physique. Inconsciemment, il voulait quitter le terrain, ce qu'avait compris Tapie. Et c'est ce qui était sidérant chez lui. Il était capable, à l'instant T, d'analyser une situation en un millième de seconde...

Deux jours avant cette victoire en coupe d'Europe, j'avais rejoint le staff et les joueurs. J'étais sûr qu'ils allaient gagner. C'était un groupe très talentueux, mais surtout, ils avaient un formidable esprit d'équipe. Ils étaient aussi soudés dans la vie que sur le terrain, ce qui faisait dire à Tapie : « J'ai onze joueurs qui sont prêts à mourir les uns pour les autres. »

Quand je débarque à Munich, que j'arrive à l'hôtel et que je vois l'ambiance, j'hallucine. Les joueurs sont entourés de leurs femmes et de leurs enfants, ils plaisantent et sont parfaitement décontractés. J'ai l'impression d'être dans un club de vacances.

D'ordinaire, les épouses sont tenues à l'écart, une ou deux semaines avant la rencontre. Si certains entraîneurs pensent que cet isolement est indispensable pour permettre aux joueurs de rester dans leur bulle et de se concentrer sur le match, d'autres ont des motivations d'un autre âge. Ils affirment qu'un sportif de haut niveau ne doit avoir aucun rapport sexuel avant le jour J. Il paraîtrait que l'influx nerveux se barre… Je tairai le nom d'un célèbre joueur, marié de surcroît, qui depuis six mois filait à l'anglaise toutes les nuits pour rejoindre sa maîtresse et rentrait systématiquement à 5 heures du matin. Ce qui ne l'empêchait pas de se comporter sur le terrain de façon exceptionnelle… Le staff a fini par découvrir ses virées nocturnes, et le Boss a été immédiatement prévenu. La réponse de Tapie a été magistrale : « Ça fait six mois qu'il sort la nuit ? Vu que ça fait six mois qu'il joue comme un dieu, laissez-le sortir ! »

Le seul conseil qui a été donné à ce joueur d'exception a été de découcher moins souvent, juste pour que cela ne s'ébruite pas. Dans la mesure où ses performances n'étaient pas entamées, on n'allait pas lui enlever son joujou. Apparemment, cela faisait partie de son équilibre…

Cette anecdote prouve qu'il n'y a pas de règles absolues en matière de gestion des joueurs, tout est une question d'adaptation et de psychologie. Et s'il y a bien quelqu'un qui est capable de s'adapter au mode de fonctionnement d'un joueur, de cerner ses qualités, le petit plus qui va lui permettre d'être un atout au niveau collectif, c'est Didier Deschamps. Aujourd'hui, il est entraîneur de l'équipe de France, mais à l'époque de la coupe d'Europe de 1993, il était capitaine de l'OM. Ce n'est pas un hasard si en 1998, après la victoire de la France en Coupe du monde, Deschamps, le capitaine des Bleus cette année-là, a déclaré lors d'une interview qu'il dédiait cette coupe à Bernard Tapie : « Parce que c'est avec lui, à l'OM, que j'ai acquis une mentalité de gagnant et compris ce qu'était le football de haut niveau. »

Didier Deschamps était et reste un magicien. C'est le joueur le plus intelligent que j'aie jamais rencontré. Il savait comment communiquer avec n'importe quel joueur ou entraîneur et ça n'a pas changé. Ce n'est pas pour rien qu'il était capitaine de l'OM. Physiquement, il n'était pas le plus fort, ni le plus grand de toute l'équipe, ni celui qui marquait le plus de buts, il en était même très loin, mais c'était un boss. Et quand Tapie n'était pas là, il y avait Deschamps. Il était son relais, le boss en second. Quand ils se parlaient, c'était entre hommes… Tapie avait un rapport très particulier avec lui, très différent de celui qu'il entretenait avec les autres joueurs. Avec eux, il était beaucoup plus paternaliste. Deschamps inspirait le respect parce que ce qu'il affirmait se révélait toujours juste. Il détestait tellement la défaite, il transpirait tellement la gagne qu'il la communiquait à toute l'équipe. Quand il parlait, tout le monde se taisait, même ceux qui le dépassaient de deux têtes. Mais il savait aussi faire la fête et n'arrêtait pas de chambrer les uns et les autres. En revanche, dès qu'il enfilait le maillot, ça ne rigolait plus. C'était le capitaine, point !

Didier Deschamps était un diffuseur d'énergie positive, il parvenait à sublimer les qualités de chacun de ses coéquipiers et misait tout sur le collectif. Il était capable, et il l'est toujours, de réunir les plus grandes stars du foot et d'en faire une équipe, ce qui n'est pas évident compte tenu de la puissance des individualités... Quand Deschamps ne sélectionne pas un joueur emblématique, ce n'est pas parce qu'il méconnaît son talent, mais parce qu'il a compris que ce joueur ne trouvera pas sa place dans le groupe. Son génie, c'est d'arriver à construire sur le terrain un mécanisme d'horlogerie suisse d'une précision surprenante et dont tous les éléments s'emboîtent parfaitement. Pour moi, Didier Deschamps est le plus grand entraîneur de la planète.

Retour en 1993, dans cet hôtel de Munich où les joueurs marseillais résidaient avant d'en découdre avec le Milan AC. Il y régnait un climat très détendu et c'était exactement ce que voulait Tapie. Normalement, avant un enjeu pareil, les joueurs sont « au vert ». Privés de portable, ils sont enfermés dans un hôtel qui devient une forteresse imprenable, à la montagne de préférence, pour oxygéner au maximum leur organisme. Sans aucun contact avec l'extérieur, ils s'entraînent comme des galériens, parlent tactique, technique, se concentrent sur leur match et discutent football, ça ne rigole pas... À Munich aussi, les joueurs s'entraînaient, ils n'étaient pas venus la fleur au fusil. Mais, comme leur entourage familial allégeait l'atmosphère, ils ne ressentaient pas la pression de la rencontre. Souvent, la pression fait perdre tous ses moyens à un joueur, aussi talentueux soit-il. Cette fois-là, elle ne monta réellement que pendant le trajet de l'hôtel au stade, en autocar. Trop peu de temps pour que les joueurs gambergent et refassent cent fois le match dans leur tête. Ils étaient arrivés psychologiquement frais. J'en veux pour preuve la réaction de Fabien Barthez, le gardien de but, relax au point d'y être allé de sa petite sieste tout le long du chemin.

Si Tapie en avait décidé ainsi, c'est parce qu'il avait tiré les leçons d'une défaite qui avait eu lieu alors qu'il avait mis l'équipe en version commando. Les joueurs avaient alors sans doute péché par excès de confiance, mais ce n'était pas suffisant pour expliquer leur échec. Ce qui avait été déterminant dans ce rendez-vous raté, c'était la trop grande tension qu'ils avaient subie, mais aussi leur enfermement et l'entraînement à outrance. C'était en 1990, quand l'Olympique de Marseille s'était retrouvée en demi-finale de la coupe d'Europe face au Benfica de Lisbonne.

Comme l'OM avait gagné le match aller à domicile, par deux buts à un, il suffisait que le

Benfica marque un seul but pour être en finale. Dix minutes avant la fin, on se prend une espèce de but qui sera qualifié par tous de « but de la main de Vata ». À cette époque, il n'y avait pas les moyens techniques qui existent aujourd'hui, mais même sans *replay*, tout le monde avait vu Vata marquer avec la main. Tout le monde... sauf l'arbitre ! En sortant du stade, Tapie n'a dit qu'une chose : « Ça va, j'ai compris ! » Ce qui signifiait dans son jargon plutôt leste : « Je ne me ferai plus baiser la gueule ! » Excepté que personne ne l'a interprété comme cela. Avec une sorte d'a priori direct, c'est devenu : « Ça va, j'ai compris comment gagner une coupe d'Europe... », une interprétation qui sera, par la suite, très lourde de conséquences.

J'ai longuement discuté avec Tapie de cette grossière erreur d'arbitrage. Pourquoi ce but qui avait été marqué avec la main, au vu et au su de tous, avait-il été validé ? Tapie avait une explication qui reposait avant tout sur la compréhension des mécanismes psychologiques de l'arbitre.

Il y a une grande tradition dans le football mondial : la veille d'un match de coupe d'Europe, un représentant de chacune des deux équipes adverses dîne avec les arbitres. Ce n'est pas pour festoyer, mais pour évoquer le fair-play qui doit être de règle pendant la rencontre. Le soir du dîner qui a précédé cette fameuse demi-finale contre l'équipe de Lisbonne, les dirigeants portugais avaient choisi l'immense Eusébio pour les représenter. L'un des meilleurs footeux de l'histoire, avec 473 buts en 440 matchs au profit de son club et des titres innombrables. Eusébio était une légende vivante, un monstre du ballon. Bernard Tapie était persuadé que sa présence avait fasciné l'arbitre qui a fini par souhaiter, inconsciemment et sans malhonnêteté d'ailleurs, que le club portugais remporte la victoire. Voilà pourquoi ce but de la main a été validé en 1990, au détriment de l'OM, et pourquoi Tapie, après la défaite, a lancé : « Ça va, j'ai compris ! » Cela signifiait que la prochaine fois, il alignerait un représentant qui inspirerait un tel respect qu'aucun arbitre n'oserait valider un but de la main.

Quand Tapie engage Franz Beckenbauer, quelques mois après cette « défaite » cuisante, comme entraîneur de l'OM, puis comme directeur sportif, ce n'est pas uniquement en raison de ses formidables compétences. Il le choisit avant tout pour être le grand VRP de l'Olympique de Marseille. Quand la veille d'une rencontre historique, au fameux dîner, les arbitres se retrouvent avec un représentant de l'équipe qui n'est autre que Beckenbauer, ils sont impressionnés et pensent : « Nous sommes avec un grand… » Ils sont à la table du Kaiser, l'empereur du foot, un joueur fabuleux, dont la carrière et le comportement impeccables imposent un respect absolu. Inconsciemment, ils veulent être à la hauteur et ne pas le décevoir. Et c'est pourquoi Tapie engage Franz Beckenbauer : il a retenu la leçon.

Sauf que deux journalistes de *L'Équipe* ont donné, dans leur journal, un sens bien différent à sa fameuse phrase : « Ça va, j'ai compris ! » Sous leurs plumes, elle est devenue : « Ça va, j'ai compris, la prochaine fois, j'achèterai le match ! » S'ils ne l'ont pas écrit exactement de cette façon, c'est exactement ce qu'ils sous-entendaient… Heureusement que la finale de 1993, l'OM l'a gagnée contre le grand Milan AC de Silvio Berlusconi, un homme deux fois plus riche que Tapie, sinon ces journaleux ne se seraient pas privés de dire que cette victoire avait été achetée…

*

*   *

En 1993, je passe donc un début d'été magnifique dans une maison que j'ai louée en Avignon et où je suis installé avec ma mère et des copains. L'ambiance est très agréable et j'en profite pour travailler sur les émissions de la rentrée. C'est alors que les médias commencent à se répandre sur une grave affaire de corruption qui toucherait l'OM. Un club auquel Bernard Tapie tient comme à la prunelle de ses yeux et dont il est le président.

C'est en 1986, à la demande du maire de Marseille, Gaston Defferre, qu'il a accepté de prendre en main l'équipe. À l'époque, même si ce club a été la gloire du football français, il ne lui reste pas grand-chose de sa splendeur passée. Il est à la quinzième place du Championnat de France, n'a plus gagné de titre depuis dix ans et, les jours de match, il n'y a que quelques milliers de supporters au stade Vélodrome.

Tapie va se révéler un véritable découvreur de talents. Sa première préoccupation, au départ et dans les années qui vont suivre, est de recruter de jeunes espoirs dont les noms vont rapidement devenir grands : Jean-Pierre Papin, Éric Cantona, Didier Deschamps, Basile Boli, Fabien Barthez, Chris Waddle et bien d'autres. Pour les encadrer, il les entoure de joueurs plus âgés, de valeurs confirmées. Les résultats ne se font pas attendre : tout Marseille célèbre son sauveur, Bernard Tapie.

Quand cette histoire de corruption éclate, Tapie n'est pas tout de suite concerné ni mis en cause. Mais loin de se dégonfler, l'affaire va devenir le feuilleton de l'été.

Moins d'une semaine avant sa victoire en coupe d'Europe en mai 1993, l'équipe marseillaise avait affronté celle de Valenciennes et avait gagné le match. Mais pendant la mi-temps, Jacques Glassman, un joueur de Valenciennes, avait raconté à son entraîneur comment il avait été contacté par téléphone, avant la rencontre, par Jean-Jacques Eydelie, un joueur de l'équipe de Marseille. Ce dernier lui avait promis une somme d'argent s'il « levait le pied », en clair s'il ne forçait pas son talent, et laissait gagner les Marseillais. Eydelie avait également révélé que de l'argent serait versé par « un haut dirigeant marseillais » à deux de ses coéquipiers, Jorge Burruchaga et Christophe Robert, s'ils acceptaient de rentrer dans la combine.

L'histoire s'ébruite, le scandale éclate et la justice s'en mêle. En juin 1993, le président de la Ligue de football, Noël Le Graët, porte plainte contre X et le procureur de la République de Valenciennes, Éric de Montgolfier, ouvre une information judiciaire. À l'époque, le petit proc n'est pas encore une vedette des médias. Il avouera d'ailleurs que si cette affaire n'avait pas éclaté, il aurait eu une carrière beaucoup plus « plan-plan ». Ses empoignades verbales avec Tapie vont en faire une star…

Christophe Robert, le joueur valenciennois, reconnaît devant le juge d'instruction avoir été acheté et indique qu'avec l'aide de sa femme, il a caché les 250 000 francs (38 000 euros) de la transaction dans le jardin de ses beaux-parents. Les époux Robert désignent Jean-Pierre Bernès, le directeur général de l'OM, comme le commanditaire de la transaction. Christophe Robert et sa femme sont inculpés ainsi que Bernès, mais lui est incarcéré à titre préventif. Même mise en examen pour le joueur valenciennois Jorge Burruchaga et le Marseillais Jean-Jacques Eydelie.

Nous sommes en septembre 1993 et le nom de Bernard Tapie n'apparaît toujours pas dans le dossier, du moins comme suspect. Je demande à mon père ce qu'il pense de l'affaire et il me répond : « Je vais essayer de comprendre ce qui a pu se passer, parce que, pour l'instant, ça reste incompréhensible ! » Les mois défilent et je ne suis pas vraiment inquiet. Cette histoire de corruption n'a aucun sens. D'autant qu'à cette époque le président de Valenciennes n'est autre que Jean-Louis Borloo, une vieille connaissance de Bernard Tapie.

Lorsque Borloo est arrivé au barreau dans les années 1980, il a commencé sa carrière d'avocat chez Tapie ; en quelque sorte, c'est mon père qui lui a mis le pied à l'étrier et lui a permis de s'installer.

Au moment de l'affaire OM/VA, Bernard Tapie et Jean-Louis Borloo se connaissent depuis plus de dix ans et sont amis. Tout le monde s'accorde à dire que si l'OM avait eu intérêt à truquer le match, la finalité aurait été d'éviter que les joueurs ne se blessent quelques jours avant leur participation à la coupe d'Europe. Si ça avait vraiment été la grande angoisse, Tapie était assez intelligent et copain avec Borloo pour l'appeler et lui dire : « Demande à tes joueurs de ne pas blesser les miens, sinon, c'est une catastrophe ! » Le procédé est courant entre présidents de clubs : téléphoner à un autre dirigeant pour que son équipe fasse preuve de *fair-play*, cela n'a rien d'illégal. J'en ai pour preuve une scène dont Tapie n'a jamais parlé par modestie, mais que je peux raconter… Je l'ai vu entrer dans un vestiaire lors d'un match contre Bordeaux et avant la rencontre, déclarer solennellemen à ses joueurs de l'Olympique de Marseille

« Attention, il y a un match de l'équipe de France dans trois jours. Faites gaffe, il est hors de question que vous blessiez un joueur de Bordeaux qui est en équipe de France ! Contrôlez-vous ou vous serez très sévèrement sanctionnés ! » Dans certaines circonstances, mon père avait un côté très patriote…

Sincèrement, je ne vois pas pourquoi Tapie n'aurait pas contacté Jean-Louis Borloo directement. Prétendre le contraire pour, finalement, désigner Bernard Tapie comme commanditaire du « trucage », c'est tellement absurde, si incohérent par rapport à sa personnalité et à sa façon de réfléchir ! C'est comme si, subitement, il n'avait plus eu de cerveau : « Allez les gars, prenez 250 000 francs, mettez-les dans un sac en plastique et allez l'enterrer dans le jardin. C'est vraiment l'endroit le plus sûr ! » À qui
era-t-on croire que Tapie est du genre à garder
l'argent sous un matelas, à le cacher dans
sac à dos ? Et pourquoi pas pendant qu'on
dans un pot de fleurs ? Nous sommes
même à une époque où, si l'on a besoin
quer 38 000 euros, il y a des paradis
ui sont faits pour, c'est pas la peine de
dans un jardin !

Celui par qui le scandale est arrivé, c'est Jean-Pierre Bernès, le directeur général de l'OM. En 1995, c'est lui qui, à l'ouverture du procès, balance le nom de Bernard Tapie comme étant celui du commanditaire du match prétendument truqué. Pendant plus de deux ans d'instruction, Bernès n'avait jamais accusé Tapie d'être le cerveau de l'affaire. Pourquoi a-t-il attendu si longtemps avant de le faire publiquement ? Était-ce l'influence de son tout nouvel avocat ? Ce coup d'éclat était-il une façon d'exister en lieu et place de « monsignor » ?

Je ne suis pas Bernard Tapie, mais, si je l'avais été, je n'aurais pas pris Jean-Pierre Bernès comme directeur sportif. C'est très paradoxal, mais Tapie ne savait pas s'entourer. C'était un meneur d'hommes, mais au nom de ses convictions, il a écarté certaines personnes qui lui auraient été bénéfiques parce qu'elles n'étaient pas à sa botte. Le gros souci, c'est que Tapie réfléchissait très vite et agissait dans la foulée. Ce qui expliquait son addiction au téléphone…

À peine avait-il une idée qu'il appelait X ou Y et commençait à s'exciter. Il ne partait pas au quart de tour, mais au cent millième de tour. Quand je devais lui faire le compte rendu d'une réunion, la seule solution pour qu'il fixe son attention, c'était de commencer mon récit par la fin. Si la discussion s'était bien terminée, mais que les débats avaient été chaotiques pendant une heure, je n'avais pas intérêt à respecter l'ordre chronologique : « Alors, je suis arrivé au rendez-vous, je suis entré dans la salle de réunion et monsieur Machin a expliqué pourquoi il ne croyait pas au projet… » Pour Tapie, c'était beaucoup trop long, il avait déjà décroché. Il fallait lui raconter le *happy end*, et seulement après, on pouvait éventuellement évoquer les détails et développer.

Il y a des gens pressés, mais Tapie, c'était une tornade, il emportait tout sur son passage et il se cassait. Et quand il avait décidé quelque chose, il ne revenait pas en arrière. Tapie avait une idée tellement précise de ce qu'il voulait et de la façon dont il y arriverait qu'il n'avait pas de temps à perdre avec des contradicteurs. Il lui fallait des gars qui marchaient dans le même sens que lui et sur la même route. Il était impossible de lui dire : « Je choisis le chemin à côté parce que c'est un raccourci… » Avec Tapie, si tu refusais de lui emboîter le pas, tu dégageais. Il ne voulait pas d'officiers, il voulait des soldats et parfois même des laquais. Il les motivait en leur faisant croire qu'ils étaient des aigles.

De toute manière, avec le recul, je pense qu'il n'était pas préparé à cette affaire, il l'a prise dans le mauvais sens, et plus le procès avançait, plus il essayait de rattraper ce qu'il avait mal fait au départ. Et c'était pire encore...

C'est en lisant *Le Journal du dimanche* que Tapie avait appris que l'entraîneur de Valenciennes, Boro Primorac, affirmait l'avoir rencontré à sa demande dans son bureau parisien afin « d'arranger » l'histoire. C'était une révélation de taille que l'entraîneur avait d'ailleurs confiée au procureur Éric de Montgolfier. Tapie a été outré par cette déclaration ambiguë, qui laissait supposer qu'il avait bel et bien truqué le match. C'était sa parole contre celle de l'entraîneur de Valenciennes, il ne s'en sortirait pas. Alors, avec un de ses amis, ils ont élaboré une parade pour démontrer que ce rendez-vous n'avait pas eu lieu. Erreur fatale que reconnaîtra Bernard Tapie : « Je n'aurais jamais dû accepter de me défendre d'un mensonge par un autre mensonge ».

Je ne reviendrai pas sur la teneur des débats de mars 1995, pendant le procès, puis plus tard en appel. Il y a eu des milliers d'heures de commentaires à ce sujet, aussi bien à la télévision qu'à la radio, sans compter les journaux. Je ne retiens qu'une seule chose, c'est la déclaration du procureur Éric de Montgolfier, longtemps après la condamnation : « Si le président de l'OM avait été un autre que Bernard Tapie, il n'aurait pas été condamné à un seul jour de prison. Les faits ne le méritaient pas. La peine que j'avais demandée était symbolique. Au début de l'affaire, le président Mitterrand, à la télévision, était intervenu en faveur de Tapie, ce dernier l'a payé. »

Pourtant, Bernard Tapie a été le seul accusé à être envoyé en prison : deux ans, dont huit mois fermes. C'est la sanction la plus sévère jamais prononcée en France pour un délit concernant le football…

Je suis avant tout un citoyen et j'ai tendance à croire que la justice rend des verdicts honnêtes. Pour moi, si Tapie a été condamné, c'est qu'il était coupable. Mais attention, il n'a pas été reconnu coupable d'escroquerie ni d'avoir truqué le match, il a été reconnu coupable de subornation de témoins, et la justice a admis qu'il n'en était pas l'acteur principal. Qu'est-ce que ç'aurait été s'il l'avait été…

*

*   *

J'ai vu une photo qui a été publiée dans *Match* et qui montrait Tapie dans sa cellule en prison. Quand je pense à toutes les précautions que l'on a prises pour justement qu'une telle photo ne paraisse pas, le camouflage dans la voiture pour sortir de la rue des Saints-Pères, l'arrivée planquée quai des Orfèvres et tout le reste, il a fallu qu'un maton fasse une photo pour la vendre à un magazine ! Sur ce cliché, Tapie penche la tête et on n'aperçoit pas son regard. Il est debout, les bras pendant à l'extérieur des barreaux. On dirait un de ces grands gorilles si proches de l'humain, les dos argentés qui tournent en rond dans leur cage, le regard perdu... En tout cas, Tapie n'était pas allongé sur son lit, à attendre que le temps passe. Mais avec le recul, je réalise qu'il était bien plus abattu que nous pouvions l'imaginer alors, il était complètement laminé.

À moins d'être un terroriste ou un détenu particulièrement signalé (DPS), n'importe quel prisonnier a le droit de faire du sport et d'être plusieurs heures par jour en promenade. Bernard Tapie, non. Sous prétexte d'assurer sa protection, on l'a laissé enfermé seul vingt-trois heures sur vingt-quatre dans une cellule de dix mètres carrés, dans le quartier « VIP », encore appelé par l'administration pénitentiaire

« le bloc des particuliers ». Ce quartier réservé aux personnalités publiques était loin d'être un hôtel quatre étoiles, comme certains ont pu le prétendre. Une cellule avec un lit, un lavabo, une table et quelques étagères, pas de télévision ni de radio, ce n'était quand même pas le grand luxe… Comme l'expliquera alors le directeur du centre pénitentiaire dans *Le Point :* « Il n'y a pas de régime quatre étoiles à la Santé. Certes, chaque détenu bénéficie d'une cellule pour lui tout seul, mais la prison reste la prison. Et la solitude reste très dure à supporter, surtout quand il s'agit d'une première expérience. » Tapie lui-même a avoué qu'il avait en permanence des idées suicidaires, la nuit en particulier. C'est d'ailleurs pour éviter cette solitude destructrice qu'il a rapidement demandé à être traité comme le commun des mortels, afin de pouvoir côtoyer les autres détenus et de jouir des mêmes droits.

Quelques mois plus tard, il a été transféré à la prison de Luynes dans les Bouches-du-Rhône. Son père, qui habitait près de Marseille, venait de faire un infarctus. À son arrivée, les prisonniers se sont mis à scander son nom en tapant avec leur gamelle sur les murs de leur cellule. Ils n'avaient pas oublié le rôle de premier plan qu'il avait joué à l'OM et la victoire en coupe d'Europe…

À Luynes, si les conditions étaient spartiates, l'ambiance était beaucoup plus chaleureuse qu'à la Santé. Mais le plus terrible pour Tapie, c'était de se retrouver en cage pour un simple match de football. Un braqueur, si son hold-up tourne mal, il sait qu'il a deux possibilités : se prendre une balle dans la tête ou aller direct en cabane. Quelque part, il y est préparé, il a choisi son « métier ». Dans l'esprit de Tapie, le châtiment était disproportionné par rapport aux faits reprochés et à sa faute. Et puis, et ce n'est pas étonnant quand on connaît son tempérament, c'était un supplice pour lui de ne pas avoir la liberté de ses mouvements, le droit d'aller et venir, de bouger comme il le faisait toujours. Dans son livre intitulé *Librement*, qu'il a rédigé en prison, il écrit : « Le verrou. Je n'oublierai jamais ce bruit qui ferme la vie derrière moi, ce bruit d'épée, de tranchoir, ce bruit qui fait mourir avant la mort. Même lorsqu'on l'ôtera, ce fer-là restera fiché en moi. »

De toute façon, l'enfermement est insupportable pour n'importe quel homme, pas spécialement pour Tapie, et c'est bien pourquoi les détenus sont bourrés de tranquillisants. Mais lui, ce n'était pas son genre. Mon père était un adepte de la phytothérapie. Quand nous étions petits, dès que nous avions un rhume, il n'y avait qu'un traitement envisageable : les plantes. Pour toutes les affections qu'il était possible de soigner sans médecine dure, il remplaçait les docteurs. Les antibiotiques, il ne voulait pas en entendre parler : les plantes, rien que les plantes ! Alors pas la peine de lui demander s'il a eu recours en prison, comme la majorité des détenus, aux béquilles des anxiolytiques et des antidépresseurs, la question ne se posait même pas… Bien plus tard, quand il se battait contre le cancer, fidèle à ses convictions, il a refusé radicalement que les médecins lui donnent des calmants ou des drogues pour modérer ses douleurs épouvantables. C'était un refus définitif, non négociable et accompagné de vociférations outrées. Le seul traitement qui atténuait sa souffrance, le seul qu'il attendait comme le messie et a accepté sans se rebeller, c'étaient les séances d'acupuncture. Dès que l'acupunctrice entrait dans sa chambre, le visage de Tapie s'illuminait. Il savait que pendant quelques heures la douleur lui accorderait un répit.

## – 9 –

## Le petit gars du Bourget…

L'affaire OM-VA a été l'arme pour assassiner politiquement Bernard Tapie. Il a été mis au pilori par la classe politique, et il lui a donné un outil exceptionnel pour le flinguer. Il était l'emmerdeur, celui qui, pendant des années, s'était opposé aux dirigeants du PS et même, parfois, les avait ridiculisés. Et s'il n'y avait eu que le PS… Partout où Tapie a posé le pied, il y avait en place des institutions bien carrées et, paraît-il, parfaitement dirigées. Chaque fois, il a changé les règles et il a remporté ce qu'il voulait remporter. Quand il est arrivé dans le monde du football en 1986, personne n'en avait envie. Peu importe, Tapie a agi à sa manière. L'Olympique de Marseille était au bord de la faillite, il a redressé sa situation financière, enrichi son palmarès et fini en apothéose avec la Champions League tout en appliquant des règles contraires à celles qui existaient avant lui. Et il a fait rigoureusement pareil en politique.

Ce n'est pas pour faire parler de lui que Bernard Tapie révolutionnait les institutions et les mœurs en vigueur. C'était un homme issu de la classe populaire. Il connaissait ses besoins et ses manques. Il se moquait totalement des schémas préétablis, il savait que les chemins traditionnels étaient inefficaces puisqu'ils n'avaient pas fait leurs preuves et que s'il les empruntait, il allait stagner ou reproduire ce qui existait déjà. Alors, il nageait à contre-courant des convenances, des coutumes, de la hiérarchie, il dérangeait et il s'en fichait, il n'avait qu'une obsession : l'obligation de résultat. Pas étonnant qu'en le voyant piétiner ses plates-bandes sans vergogne, l'oligarchie socialiste ait levé le drapeau noir et se soit employée à en faire un personnage controversé et sulfureux.

Et puis, n'oublions pas que dans les années 1990, Tapie était l'un des rares à fasciner François Mitterrand. Même si cela semble accessoire quand on n'appartient pas au microcosme politique, ça se passait à l'époque où toutes les instances dirigeantes du Parti socialiste attendaient ne serait-ce qu'un simple geste de Tonton... C'est avec son soutien sans faille que Tapie a été élu député des Bouches-du-Rhône et député européen. Cet appui rendait hystériques les gens de gauche, beaucoup plus que ceux de droite, paradoxalement.

C'est par l'intermédiaire d'un ami commun, le publicitaire Jacques Séguéla, que Bernard Tapie fait la connaissance de François Mitterrand en 1987. À l'époque, le Président prône l'ouverture et est à la recherche de nouvelles têtes. Cette arrivée en fanfare de Tapie dans le sérail de Mitterrand n'est pas du goût des pontes méridionaux du PS. Ils renâclent avant de lui confier ce qu'ils pensent être une voie de garage : un bastion de la droite dure à Marseille, une circonscription des Bouches-du-Rhône qui est le fief de l'indéboulonnable Guy Teissier. D'ailleurs, en 1988, le « chouchou » du Président perd les élections législatives. Mais les votes en faveur de son adversaire sont invalidés suite à une fraude flagrante : des sacoches contenant des bulletins ont été perdues et, comme par hasard, elles donnaient Bernard Tapie gagnant... Les hautes instances du PS ne sont pas mécontentes que la carrière politique de Tapie débute par un échec : le « fanfaron » est battu !

Le problème, c'est que l'année suivante, en 1989, Tapie est élu député avec 50,9 % des voix. Certains membres locaux du PS, et pas des moindres, qui jusque-là ne s'étaient pas gênés pour le critiquer, se rapprochent de lui et saluent sa victoire. À ce moment, j'ai pensé : « Mais c'est quoi cette hypocrisie ? C'est quoi ce monde de pourris ? » On avait filé à Tapie une circonscription épouvantable qu'aucun candidat de gauche n'avait jamais réussi à enlever et ils osent déclarer après son succès : « Nous l'avons envoyé là parce que c'était le seul à pouvoir gagner. » Quelle honte ! En vérité, c'est exactement le contraire qu'ils espéraient. On a parachuté Tapie dans cette circonscription parce que son arrivée dans le monde politique était vue d'un très mauvais œil et parce qu'il n'avait logiquement aucune chance de l'emporter. Comment peut-on souhaiter une chose pareille ? Bien sûr, officiellement, personne n'a rien laissé paraître… Tout le monde se disait ravi et allait même jusqu'à revendiquer le succès de Tapie comme une victoire collective puisqu'il avait été propulsé avec l'accord de tous dans cette circonscription ! J'ai été outré par ce comportement, ignorant à l'époque qu'avec la politique politicienne, tout est possible…

Après avoir rencontré pour la première fois Bernard Tapie, François Mitterrand a dit à Jacques Séguéla : « J'ai trouvé l'homme politique tel que je l'ai toujours souhaité ». Il entendait : un homme qui a réussi dans la vie, quel que soit son degré de réussite, et qui allait mettre cette réussite au service du peuple. Un challenge impossible pour un élu qui est dans la politique depuis des dizaines d'années et dont l'engagement est devenu un métier. Un homme politique fait son devoir, il agit dans l'intérêt de sa mairie, de sa région, de son pays, un politicien exerce une profession. Et s'il y a bien une chose qui irrite les professionnels, c'est de voir débarquer une nouvelle tête, qui ne leur revient pas en plus, parachutée, non seulement avec l'aval, mais à la demande expresse du patron, François Mitterrand. Quand cela s'est effectivement passé avec Tapie, il était évident que certains ne pouvaient que mal le prendre. L'une des hautes instances du PS a même déclaré : « Je suis le chef de la gauche, on me parachute un mec comme Tapie et on ne me demande pas mon avis. Et pire que tout, je reçois l'ordre de le mettre face à Le Pen ! » Parce que c'est cela, la vraie histoire du face-à-face télévisé Tapie-Le Pen. Si François Mitterrand a donné son accord pour que mon père affronte Jean-Marie Le Pen sur

TF1 dans un débat qui reste d'anthologie, c'est parce que le leader du Front national cartonnait à Marseille et qu'il fallait absolument lui barrer la route. Mais qui, dans la garde prétorienne de Mitterrand ou même en balayant plus large, aurait accepté un choc frontal avec ce tribun fort en gueule qui envoyait systématiquement ses opposants dans les cordes ? Personne ! Il fallait être « sévèrement burné » (comme ironiseront les Guignols de Canal+ en parlant de mon père) pour affronter Jean-Marie Le Pen ; et il y a eu beaucoup d'appelés et un seul élu. D'ailleurs, quand je dis élu, je ferais mieux de dire que seul Tapie s'est porté volontaire…

Jacques Séguéla a confié ce que Tapie lui avait expliqué en 1989, avant ce *mano a mano :* « On pense que pour dominer Jean-Marie Le Pen, il faut faire de l'intellectualisme et avoir le sens des formules, eh bien, pas du tout ! Le Pen, je vais le prendre comme un boxeur, je serai le patron sur le ring et je vais le mettre KO ! »

*

* *

Bernard Tapie a toujours éprouvé une haine viscérale envers le Front national, donc envers son leader de l'époque, Jean-Marie Le Pen.

Indépendamment des raisons objectives et flagrantes qui l'avaient poussé à combattre pied à pied le FN, ses motivations tenaient beaucoup aussi à l'éducation de ses parents qui, en bons communistes, avaient une répulsion colossale pour l'extrême droite. Tapie était révulsé par la vision de ces skinheads qui constituaient la grosse masse exhibitionniste du FN et qui, lors des manifestations, défilaient tout gonflés de haine dans leurs *bombers* noirs. Le face-à-face avec leur leader n'était donc pas pour Tapie une figure imposée. C'était, enfin, le moment rêvé de cracher tout ce qu'il avait sur le cœur. Mais encore fallait-il argumenter ce débat…

Je savais que Tapie allait transformer ce duel en corps-à-corps et je ne me faisais pas de souci ; dans ce domaine, il était un char d'assaut, un Panzer. Mais il ne voulait pas limiter ce face-à-face à une empoignade verbale. Il avait travaillé dur et quand il est arrivé sur le plateau, il était fin prêt. Je n'imaginais pas à quel point, et avec quelle maîtrise parfaite, il ruinerait Le Pen en s'appuyant sur une démonstration des réels besoins économiques de la France. Je ne devrais d'ailleurs pas dire qu'il a battu le porte-drapeau du Front national en lui donnant une leçon d'économie, mais qu'il lui a administré une correction phénoménale… Toutefois, pour battre à plates coutures Jean-Marie Le Pen à la télévision ou ailleurs, il ne suffisait pas de théoriser, il fallait aussi lui en imposer. Le leader du Front national avait toujours joué sur la peur qu'il inspirait, mais Tapie, sur ce plan, n'était pas en reste. Il n'ignorait pas que pour déstabiliser Le Pen, il devait entrer dans son jeu et l'impressionner physiquement.

Tapie était un homme d'action, il aimait la baston. Si son interlocuteur était en mode agressif, il le démolirait parce qu'il adorait la contradiction, mais détestait l'agressivité gratuite. Si son interlocuteur argumentait, Tapie analysait ses arguments, ne serait-ce que pour les contrer ; mais si la confrontation tournait au pugilat, il était sur son terrain et l'autre, battu d'avance. Dans un échange télévisé, Tapie avait une puissance de frappe exceptionnelle. Il n'arrivait pas avec l'idée de se bagarrer, mais dès la première phrase du journaliste ou de l'intervenant, rien qu'à son ton, il sentait s'il était en terrain hostile ou non. De toute façon, même si ses interlocuteurs l'appréciaient, ils ne pouvaient pas le montrer, car ce serait passé pour de la complaisance. En revanche, quand ils étaient hostiles, ils ne se gênaient pas pour l'afficher… Que le gars en face l'aime ou le déteste, Tapie devait rester en compétition. À ce niveau, il était plus que lucide, il était extralucide, et il ne s'est jamais trompé. Quand on l'attaquait, ce qui était le cas la plupart du temps, son adversaire devait être super armé parce que lui, c'était *headshot* chaque fois, il visait en pleine tête. Le combat frontal, c'était son domaine. À la naissance, il était arrivé, comme la plupart des bébés, la tête la première, mais lui a dû se dire : « C'est comme ça qu'il faut vivre ! » Il avait des décennies de frontalité derrière lui...

Physiquement, Tapie était une masse. Il avait des paluches larges comme des pales d'hélicoptère et, tout le monde a pu le constater, sur le plan vocal, il avait du coffre... En période de paix, le combattant est cantonné dans sa caserne, il nettoie son fusil et tourne en rond en attendant qu'il y ait une guerre. Tapie, c'était pareil, il attendait l'affrontement. Comme il ne connaissait pas la peur sur le plan physique, quand, en plein débat et en direct, Jean-Marie Le Pen l'a traité de pitre, il ne s'est pas dégonflé :

– Il y a des limites à ne pas dépasser ou je me fâche gravement...

Le Pen a pris cet avertissement de très haut.

– Ne me menacez pas physiquement, monsieur Tapie, il vous en cuirait...

– Parce que vous avez vos gardes du corps à côté ?

– Non, moi !

– Mais enfin, regardez-vous !

Tapie ne s'était pas contenté d'assener avec un large sourire ces derniers mots mais, d'un geste ample des deux mains, il avait singé la bedaine alourdie de Le Pen. C'était la pire des insultes pour l'ancien para qui avait toujours prôné le culte du corps et la virilité triomphante, et c'était très bien calculé de la part de Tapie. Il avait fait mouche au-delà de ce qu'il imaginait puisque, après le débat, Jean-Marie Le Pen dira à la journaliste Michèle Cotta : « Vous avez vu comment il m'a parlé ? J'ai cru qu'il allait me sauter dessus. Vous croyez qu'il m'aurait vraiment cassé la gueule ? Je suis vieux quand même, il est baraqué… »

Ce qui est regrettable, c'est que cette empoignade verbale ait occulté le débat d'idées. Les gens se sont focalisés sur le côté gouailleur et dur à cuire de Tapie, et c'est ce qui reste historiquement. Mais le plus important, ce furent les conséquences de cette confrontation pour le Front national. Son image et celle de son leader ont été sérieusement égratignées, et les médias ne s'y sont pas trompés. Le lendemain, toute la presse titrait : « Tapie a mis KO Le Pen ! »

Pour la première fois à la télévision, un homme politique s'était imposé face à lui en donnant, entre autres, une dimension physique au débat. Par le passé, il y avait bien eu Georges Marchais et ses fameux coups de gueule, mais c'était un show et tous les journalistes se marraient en quittant le plateau. Là, avec Tapie, c'était autre chose.

En 1992, pendant la campagne pour les régionales en Provence-Alpes-Côte d'Azur, Bernard Tapie a poursuivi son travail de démolition et démontré à quel point il restait l'ennemi juré de Jean-Marie Le Pen. Il a mené une campagne jusqu'au-boutiste contre le Front national, allant même jusqu'à s'inviter dans l'une de ses réunions à Orange, monter sur la tribune et s'emparer du micro devant des milliers de personnes. Le représentant du FN, Bruno Gollnisch, souhaitant apporter la preuve d'un esprit « d'ouverture », l'avait laissé s'exprimer. Il a dû le regretter…

Dès qu'il prenait la parole, en effet, Tapie expliquait ce qu'il ferait, s'il était élu, pour lutter contre la délinquance dans la région.

– On prend tous les immigrés, hommes, femmes et enfants. On les met sur des bateaux et on les envoie très loin d'ici.

Comme il fallait s'y attendre, le public l'acclama, et Tapie continua.

– Et quand ils sont assez loin, pour être sûr qu'ils ne reviendront pas, on coule les bateaux !

Les applaudissements redoublèrent et Tapie, qui ne rigolait pas, changea de ton.

– Je ne me suis pas trompé sur vous. Je viens de vous parler d'un massacre, d'un génocide, de tuer hommes, femmes et enfants, et vous avez applaudi. Demain, au moment de vous raser ou de vous maquiller, quand vous vous verrez dans la glace, gerbez-vous dessus !

Un silence glacé a succédé aux vivats. Les amis qui avaient accompagné Tapie lui ont conseillé de filer en vitesse s'il voulait éviter d'être lynché…

Quelque temps plus tard, Bernard Tapie allait enfoncer le clou en citant à la télévision, au journal de Paul Amar, ce passage tiré d'une interview de Jean-Marie Le Pen : « En favorisant par trop les handicapés et les faibles dans tous les domaines, on affaiblit le corps social en général. On fait exactement l'inverse de ce que font les éleveurs de chiens et de chevaux. »

Si j'ai tenu à rafraîchir la mémoire de certains en rappelant les grandes étapes de la lutte menée par mon père contre le Front national, c'est pour démontrer l'ingratitude des politiques qui se prétendaient de gauche. Personne dans l'establishment socialiste n'a été reconnaissant à Bernard Tapie d'avoir envoyé Jean-Marie Le Pen au tapis, si je peux me permettre ce jeu de mots... En 2004, un haut dirigeant du PS, interrogé au sujet du fameux duel télévisé, a déclaré que Tapie et Le Pen « en rajoutaient afin de crever l'écran » et que Tapie semblait sur le point de frapper Le Pen. « C'était limite » ajoutait-il, mais « ça avait plu dans les chaumières ». En matière de compliment, difficile d'être plus sobre... Il n'en reste pas moins qu'à l'époque, aucun homme politique n'a eu assez de tripes ou de nerf pour monter en première ligne. Tous acceptaient des combats qu'ils étaient sûrs de gagner, pas une bagarre au couteau qui aurait mis leur carrière en danger. François Mitterrand a eu beau jeu, par la suite, quand il a soutenu et propulsé Tapie au gouvernement, de les rappeler à l'ordre : « Vous me dites que vous êtes en politique depuis plus longtemps que Bernard Tapie, mais où étiez-vous quand j'ai cherché quelqu'un pour se mesurer à Le Pen ? Vous avez tous baissé la tête. Pas un d'entre vous n'a voulu y aller. J'ai dû demander à Séguéla de trouver quelqu'un... »

*

*   *

C'est en avril 1992 que Bernard Tapie devient ministre de la Ville dans le gouvernement de Pierre Bérégovoy. Plusieurs fois, en famille, mon père a parlé de sa fierté de se retrouver aux commandes d'un ministère, lui, le gosse de prolos, parti de rien, le gamin du 9-3. Quand il entre pour la première fois dans la cour de l'Élysée, c'est le petit gars du Bourget qui y entre. Quand il prend un ministère, c'est le petit gars du Bourget qui le prend. C'est pourquoi ces moments précieux, il les a vécus avec délectation et détermination. Mais, avant que Tapie puisse exercer cette fonction, le président Mitterrand lui avait demandé d'oublier sa carrière de businessman et de se retirer totalement du monde des affaires. Il devait par conséquent renoncer à toutes les sociétés qu'il gérait et dont il était propriétaire. Pour François Mitterrand, ces activités n'étaient pas compatibles, moralement, avec la gestion d'un ministère. Tapie devait donc trancher et ça n'a pas traîné. Il était « heureux comme un enfant, absolument fou de joie » de s'occuper des banlieues et en particulier des quartiers difficiles. Paris vaut bien une messe, un ministère vaut bien de bazarder quelques affaires…

Pourtant, à peine installé dans ses fonctions, il est attaqué en justice par Georges Tranchant, député RPR, et l'un de ses anciens associés dans la société Toshiba France. Comme Tapie considère qu'il ne lui est pas possible de rester au gouvernement en étant mis en cause dans cette affaire, il donne sa démission le 23 mai 1992. Il obtient un non-lieu, et un règlement à l'amiable entre les deux parties est trouvé. Huit mois plus tard, en janvier 1993, il réintègre son poste au ministère. Un jeune député de Corrèze, proche de François Mitterrand, déclarera alors, en parlant de l'arrivée et du retour de Bernard Tapie au gouvernement : « La première fois, c'était une erreur, la deuxième, c'est une faute ». Il s'appelait comment, déjà ? Ah, oui, François Hollande… et déjà à l'époque, il ne portait pas mon père dans son cœur. Le problème, c'est qu'en mars 1993, la gauche se fait exploser aux législatives. Exit Pierre Bérégovoy et arrivée d'Édouard Balladur. Tapie n'est plus ministre et, coïncidence curieuse, l'affaire OM/VA éclate trois mois plus tard…

*

*   *

Tapie avait ressenti une grande fierté d'appartenir au gouvernement de Pierre Bérégovoy.

C'était un homme, comme lui, issu du milieu ouvrier et qui avait gravi un à un tous les échelons de la réussite. Il n'avait pas fait l'Ena ou Polytechnique, c'était un diplômé de la vie. Que Pierre Bérégovoy lui fasse confiance, c'était aux yeux de Bernard Tapie une forme de reconnaissance encore plus importante que l'accord du président de la République. Il éprouvait une immense affection à son égard.

François Mitterrand le taiseux et Bernard Tapie le bouillant auraient pu constituer un tandem qui aurait été un magnifique exemple de complémentarité. Ils symbolisaient l'ombre et la lumière, la réflexion et l'action, et conjuguaient des personnalités contrastées qui s'enrichissaient mutuellement. Mitterrand le sphinx et Tapie l'extraverti étaient faits pour s'entendre. Pour le Président, Tapie était un avion de chasse. Son énergie et sa force le bluffaient. Comme si l'infanterie d'un général du XIX^e^ siècle se retrouvait subitement pourvue d'un Mirage.

François Mitterrand avait tout de suite été séduit par son futur ministre. Il appréciait son charisme, sa vivacité d'esprit, son intelligence, et jusqu'à son discours populiste. Peut-être même qu'il en a été un peu envieux… Bernard Tapie fascinait François Mitterrand, mais cette fascination était réciproque. Comme il me l'a confié, mon père avait pour le Président une sincère admiration ; il le considérait comme un homme d'une grande culture, doté d'une intelligence profonde et extrêmement brillante. Tapie a toujours révéré les gens brillants, à la tête desquels il plaçait le général de Gaulle... Mitterrand ne ratait jamais une occasion, à la télévision ou ailleurs, de mettre en avant les qualités de Tapie alors que celui-ci n'avait même pas sa carte du PS. Sans doute parce qu'il l'appréciait, et dans ce sens, il était sincère, mais aussi, et surtout, pour mettre hors d'eux les responsables du PS. Jacques Séguéla me disait que chaque fois que Mitterrand prenait la défense de mon père ou vantait ses mérites, ils étaient « verts de rage ».

Vis-à-vis de Tapie, les comportements de Pierre Bérégovoy et de François Mitterrand présentaient une différence majeure. Le premier utilisait les qualités de Tapie alors que le second, en grand Machiavel, se servait de lui comme d'une arme. Mitterrand a toujours eu le sens de la provocation et comme Tapie énervait son entourage, il l'imposait partout où il le pouvait. Et plus Tapie se révélait bon, plus il en rajoutait. Au premier Conseil des ministres, s'il a choisi de le placer à côté de Pierre Bérégovoy, ce n'était pas innocent. Il y avait dans ce placement symbolique et prestigieux une malice qui n'était pas due au hasard. C'est dans le même esprit que François Mitterrand, à la fin du même Conseil, a souhaité s'entretenir en privé avec Tapie pour l'interroger sur l'exposé qu'il venait de faire et qu'il avait jugé très convaincant. Cette demande, formulée à haute voix et devant témoins, relevait plus du calcul que de l'intérêt porté à son discours, même si l'un n'allait pas sans l'autre.

Bernard Tapie n'a pas démérité en politique en tant que ministre de la Ville. Il est impossible de dire qu'il a échoué ou qu'il a été viré. Il a mis un terme à sa carrière parce que la justice lui demandait des comptes dans des affaires extra politiques. Cependant, Tapie a tout de même échoué parce que, même s'il n'en a jamais parlé, son but suprême n'était pas de se contenter d'un poste de ministre de la Ville. Il se serait bien vu Premier ministre et même plus… Il n'est pas allé jusqu'au bout de son projet, c'est la seule quête qu'il ait ratée.

Aussi bizarre que cela puisse paraître quand on le connaissait, tout au long de sa trajectoire ministérielle, Bernard Tapie n'était pas uniquement dans l'action et la réaction, il était également dans la réflexion et l'émotion. En général, ce n'était pas un homme qui hésitait en pesant le pour et le contre, en cherchant le pourquoi du comment ; il envoyait un *scud* et il attendait de voir les retombées. Paradoxalement, une fois nommé ministre de la Ville, Tapie a révélé ses dons : il était en permanence dans l'analyse. Ce qui m'a le plus étonné, ce fut sa capacité à s'occuper des autres. Je l'avais toujours vu, en tant que président de l'OM ou à la tête de ses sociétés, avoir une relation très dominant-dominé avec ses « subalternes ». Là, Tapie était très différent. Je le sentais tellement à sa place, tellement bien intellectuellement et encore plus sur le plan social, que j'avais l'impression d'être en face d'un autre homme. À ce moment, il m'a semblé évident que toutes les vies qu'il avait eues jusque-là n'avaient qu'une seule raison d'être : le conduire à cette responsabilité. Et je pense que c'est à cette occasion que le petit gars du Bourget a réalisé l'ampleur de son parcours.

On peut tout reprocher à Tapie – et certains ne s'en privent toujours pas –, mais pas de s'être enrichi grâce à la politique. Il a toujours eu un grand respect pour l'argent public. En arrivant au gouvernement, il a refusé la voiture de fonction qu'on lui proposait et a acheté une Safrane de ses propres deniers. De la même façon, il n'a pas accepté l'enveloppe ministérielle qu'on voulait lui remettre comme il était d'usage. Une enveloppe contenant de l'argent liquide non déclaré et destiné à régler diverses dépenses dont des rémunérations supplémentaires pour ses collaborateurs. Mais ce qui m'a le plus surpris, c'est le jour où, confronté à une dilapidation avérée de l'argent public, il est devenu carrément hystérique…

C'était le dramatique 5 mai 1992. À la sortie du Conseil des ministres, Tapie décolle avec son Falcon pour la Corse afin d'assister à la demi-finale de la coupe de France, Bastia-OM. Je décide de l'accompagner et, à notre arrivée, comme le veut la tradition, le préfet vient le saluer en personne et lui dit :

– Monsieur le ministre, si cela ne vous dérange pas, nous attendons vos collègues…

Quelques instants plus tard, deux ministres dont je tairai le nom atterrissent dans un avion du GLAM. Dès qu'il les voit, Tapie leur saute dessus.

– Nous sortons du même Conseil des ministres, vous saviez très bien que je me rendais à Bastia pour voir jouer mon équipe en demi-finale de la coupe de France. Pourquoi n'êtes-vous pas venus avec moi ? On aurait économisé votre transport par un avion du GLAM…

Il était hors de lui, vraiment très en colère et il n'avait pas tort. Quand on connaît le prix d'un déplacement officiel, on s'aperçoit que c'est réellement une somme énorme dépensée bêtement. Dans la voiture, Tapie ne s'est pas calmé. Il était littéralement hystérique et me répétait :

– Ça me rend fou de voir gaspiller l'argent public de cette façon !

La suite va démontrer à quel point il était concerné par l'intérêt collectif, non seulement en tant que politique, mais aussi en tant qu'homme...

Ce même jour, nous arrivons au stade de Furiani. Comme il est de coutume avant un match, les joueurs se sont échauffés puis ont gagné les vestiaires pour enfiler leur tenue. Au coup de sifflet de l'arbitre, les deux équipes se retrouvent dans le couloir. À ce moment, on entend un fracas indescriptible. En direct devant les caméras de télévision en pleine retransmission, toute la partie haute de la tribune nord venait de s'effondrer. Une tribune saturée de supporters de tous âges parmi lesquels des enfants. Nous apprendrons, à l'heure du bilan, que la catastrophe a fait 18 morts et 2 350 blessés... Dix ans après ce drame, Tapie confiera qu'il s'agissait du pire souvenir de sa vie et qu'il gardait en mémoire, comme si c'était hier, le vacarme assourdissant de la tribune qui s'écroulait.

En ce 5 mai 1992, à l'intérieur du stade, c'est le chaos. De nombreux spectateurs affolés ont envahi la pelouse et se bousculent dans l'espoir de trouver une issue de secours. Ceux qui étaient assis au sommet de la tribune ont chuté de quinze mètres et se comptent par centaines. Certains ont la gorge ouverte, d'autres des blessures multiples, et les hurlements sont épouvantables. La tribune n'est plus qu'un amoncellement de corps ensanglantés et de gravats.

Immédiatement, les joueurs des deux équipes, les dirigeants et le staff se précipitent sur le lieu du drame. Je vois mon père pratiquer le bouche-à-bouche et des massages cardiaques. Pour la petite histoire, il n'a pas remarqué, à ce moment-là, que l'un des hommes qu'il secourait était un journaliste qui ne l'épargnait pas...

Confronté à l'ampleur des dégâts, Tapie se sert de son statut de ministre pour accélérer les évacuations et les soins. Il joint Marseille par téléphone et donne l'ordre de faire décoller des hélicoptères afin qu'ils viennent en renfort. Dans la foulée, il appelle les pompiers pour leur dire de se mobiliser et de rappliquer immédiatement, puis l'aéroport de Bastia.

– Vous réquisitionnez mon avion et tous ceux que vous pourrez trouver. Vous arrachez tous les sièges, vous les transformez en avions sanitaires pour pouvoir allonger et transporter les blessés graves. Vous vous démerdez, mais vous les évacuez le plus vite possible sur l'hôpital de La Timone à Marseille, parce qu'à Bastia, les urgences vont être rapidement saturées !

Il n'était plus question de foot, mais d'un drame épouvantable qui, aujourd'hui encore, hante mes nuits.

Je suis resté sidéré par le comportement de mon père à Furiani. Il n'a pas réfléchi, il n'a pas hésité une seconde, il a foncé dans la mêlée. Tapie n'a jamais été un trouillard, et je n'avais pas attendu qu'il soit ministre pour m'apercevoir de son courage, mais sa mission décuplait ses qualités. À Furiani, il s'est comporté de façon exemplaire et je l'ai vraiment admiré humainement.

*

* *

Même si son action politique au gouvernement a été brève, Tapie s'est révélé, comme l'a dit François Mitterrand, un excellent ministre. Il ne tirait aucune gloriole, aucune prétention de son statut. C'était même le contraire, il était très humble, très respectueux de la fonction. Cela ne retirait rien à son assurance, il n'était pas intimidé, mais il était conscient de la grandeur de la tâche qui lui avait été confiée et il voulait s'en montrer digne.

Mon père ne sortait pas d'un milieu social où l'on est poussé à occuper un jour un poste de haut responsable ou à être un entrepreneur d'envergure. Dénoncer les injustices, militer au sein d'un syndicat, pourquoi pas, mais se battre pour s'élever au-dessus de sa condition, certainement pas. Dans son milieu, quand on était fils d'ouvrier, on restait ouvrier.

Bernard Tapie venait de la France « d'en bas », d'un milieu populaire. Mon grand-père, Jean Tapie, était chauffagiste, et ma grand-mère, Raymonde, femme de ménage. Mon père est né en 1943, au Bourget, dans la banlieue nord de Paris. Avec mes grands-parents et mon oncle, ils habitaient dans une rue discrète où s'alignaient de petites maisons, des maisons d'ouvriers. La famille était installée au premier étage de l'une d'entre elles. L'appartement était minuscule. En plus de la pièce principale où ils vivaient à quatre, il y en avait une, beaucoup plus petite, qui servait de cabinet de toilette, et un coin-cuisine. Les w.c. étaient sur le palier et il n'y avait pas de salle de bains. La famille Tapie n'était pas pauvre, elle ne vivait pas dans la misère, mais le budget était serré et elle ne gaspillait rien. Mes grands-parents faisaient partie de ces gens pour lesquels un sou est un sou.

Pour une émission de télévision, il y a une quinzaine d'années, Tapie avait accepté de retourner là où il avait été élevé. Quand il s'est retrouvé dans cet appartement toujours aussi modeste, entre ces murs chargés de souvenirs, il a craqué et s'est mis à pleurer. Je n'ai pas été étonné qu'il soit aussi ému, mais je n'aurais pas cru qu'il montrerait son émotion devant des caméras de télévision et dévoilerait ainsi qu'il n'était pas un robot, une machine, mais un être humain. Il devait être persuadé qu'il pourrait se contrôler. C'est une émission qu'il avait acceptée au *feeling* et dans ces moments-là, il était tout sauf calculateur. Parfois pourtant, je me suis dit que ce ne serait pas mal qu'il le soit un peu plus, qu'au lieu, par exemple, d'acheter un groupe de presse dans le Sud comme il l'a fait, il prenne enfin sa retraite. Ça aurait été bien… Mais pour cela, il aurait fallu qu'il se calme, arrête de s'agiter, d'entreprendre, et ce n'était pas demain la veille…

Ma grand-mère Raymonde, à laquelle Tapie ressemblait trait pour trait, m'a raconté avec humour à quel point, petit, mon père était déjà « remuant ». À l'école, la maîtresse, avec l'accord de ma grand-mère, l'attachait à son siège pour l'empêcher de bouger dans tous les sens. C'est le genre de confidences qui vous rassurent quand, comme lui, on a été soi-même particulièrement turbulent…

Jean Tapie, mon grand-père, était un gros bosseur. Il travaillait sans relâche et accumulait les heures supplémentaires pour nourrir la famille. Il ne voyait jamais ses enfants : il rentrait quand ses fils se couchaient et il était déjà parti quand ils se levaient. C'est peut-être ce comportement que Tapie a reproduit en devenant père. Ceci explique sans doute cela… Mes grands-parents étaient communistes, comme l'étaient alors la plupart des ouvriers. C'étaient des gens simples, presque effacés, qui ne cherchaient pas à bousculer l'ordre établi.

Durant toute son enfance, Tapie a été le gamin qui regarde la vitrine d'une belle boulangerie, mais qui n'a pas le droit d'en pousser la porte pour s'acheter un gâteau. Il n'avait pas le droit parce qu'il n'avait pas d'argent, parce qu'il venait d'un quartier très modeste où les gens de sa condition ne fréquentaient pas les belles boulangeries. Tapie refusait de rester sur sa faim, il ne voulait pas une part du gâteau, il le voulait tout entier. Je pense que, très vite, il a regardé par-dessus son épaule. Il a vu que l'herbe était plus verte dans le jardin d'à côté et qu'il suffisait de se bouger pour aller la chercher. Quand on connaît le milieu d'où il venait, on se dit qu'il a fallu à mon père un courage incroyable pour s'en extraire et se hisser jusqu'au sommet. Adolescent, il aurait pu traîner dans les rues comme beaucoup de jeunes issus d'un quartier défavorisé du 9-3. La chance a voulu qu'il habite près d'un stade où il passait son temps à jouer au handball ou à faire de l'athlétisme. Son amour du sport l'a empêché de basculer du mauvais côté, de devenir un gosse de la rue.

À aucun moment Tapie n'a renié son milieu d'origine, bien au contraire : quand d'autres l'auraient caché comme une honte, il l'a toujours revendiqué. Mais toute sa vie, il a voulu en sortir et se sortir de ces quarante mètres carrés près d'un stade de banlieue. Il a fait confiance à son instinct et a forgé sa réussite avec ses tripes. Sa force, il l'a puisée dans son refus radical d'un destin tout tracé. Il a travaillé jour et nuit pour y arriver, et chaque fois qu'il franchissait une étape il devait se justifier du travail qu'il venait d'effectuer. Il lui a été beaucoup reproché, à une époque, d'avoir repris des entreprises en difficulté et de les avoir redressées de façon drastique, avant de les revendre. Si l'on veut tomber dans la caricature, c'était : Tapie débarque, il dépèce la boîte, il revend les forces vives et il fout tout le monde au chômage. C'est oublier que, quand il arrivait, l'entreprise était en liquidation, donc tous les employés déjà au chômage économique. Ce n'était pas lui qui empirait la situation. C'est vrai que des employés ont été licenciés, mais ils l'auraient été de toute façon. Quant à l'entreprise, elle devait choisir entre couler tout de suite ou, éventuellement, couler un peu plus tard, ce qui ne changeait rien au problème. Tapie a mis les mains dans le cambouis parce qu'il fallait bien que quelqu'un le fasse, mais il ne s'est jamais fait du fric sur le dos de pauvres gens. Ce n'était pas dans ses habitudes, ce n'était pas son genre. Mon père n'a jamais profité de quelqu'un de modeste, d'un « petit ». Quant à avoir profité des autres, cela reste à démontrer…

Je n'étais pas le mec le plus tendre avec Tapie, je ne lui faisais pas de cadeaux, mais s'il y a bien une qualité que je lui reconnais encore aujourd'hui, c'est son honnêteté. Je me moque totalement que ce mot fasse bondir certains, cela ne changera strictement rien à ma conviction, à ce que je ressens et à ce que j'ai constaté. Évidemment, Tapie n'était pas mère Teresa, et moi non plus d'ailleurs. Mais sincèrement, si je n'avais pas pensé qu'il était honnête, je ne l'aurais plus côtoyé.

Il y avait chez Bernard Tapie une vraie honnêteté, et quoi que ses détracteurs en disent, il était bien plus honnête que beaucoup d'entre nous. Il se comportait dans la vie comme il le faisait à l'école quand il était adolescent. Tapie a toujours préféré se battre avec des gars qui avaient deux ou trois têtes de plus que lui, plutôt qu'avec ceux qui lui arrivaient à l'épaule. C'était une question de morale et il y a quelques années, il m'en a donné la preuve. Nous venions de sortir d'un restaurant où nous avions dîné en famille et, dans la voiture, je demandai :

– Qui a payé le repas ?

Dans l'euphorie de la soirée, personne n'avait pensé à régler l'addition, même le restaurateur l'avait oubliée. Quelqu'un a glissé :

– Oh, ce n'est pas grave...

Et Tapie l'a foudroyé du regard.

– Qu'est-ce que tu en sais ? Ça le met peut-être dans la panade ? Tu dis n'importe quoi !

Il a fait demi-tour et est retourné payer la note. Combien d'entre nous auraient agi de la même façon ? Combien parmi tous ceux qui affirment que Tapie était malhonnête ?

## – 10 –

## Du Bourget au Lyonnais…

Plus d'une fois, j'ai évoqué l'affaire du Crédit lyonnais qui a provoqué tant de dommages collatéraux dans ma famille. Pendant des décennies, le litige avec cette banque, qui a été celle de Bernard Tapie dix-sept ans durant, a empoisonné sa vie et celle de ses proches. Il n'est pas question que je plonge dans des tonnes de dossiers et dans le labyrinthe des procédures pour retracer toutes les péripéties qui ont émaillé ce différend, d'autant que l'affaire est toujours en cours. À ce stade de mon récit, je me dois néanmoins de dire ce que je sais, ce dont j'ai été témoin et ce que je pense.

En 1992, quand le président François Mitterrand demande à Tapie de stopper net sa carrière de businessman pour être ministre, cela implique pour mon père de se séparer, entre autres, d'Adidas, le symbole de sa réussite. À cette époque, en bonne intelligence, il mandate officiellement sa banque de toujours, le Crédit lyonnais, pour lui trouver un acquéreur. Et c'est ce que les dirigeants sont censés s'empresser de faire. Je ne sais pas à quel moment a germé dans l'esprit de certains que le meilleur des acquéreurs, c'était eux-mêmes, sûrement quand ils ont étudié le dossier financier d'Adidas et qu'ils se sont aperçus qu'il était non seulement prometteur, mais juteux. L'affaire est alors estimée à 4 milliards de francs, mais Tapie ne sait rien de cette estimation. Bien au contraire, la banque lui conseille de mettre en vente Adidas pour la moitié de cette somme.

Tapie accepte la proposition en décembre 1992. À l'époque, il est ministre, et Pierre Bérégovoy attend impatiemment qu'il se débarrasse de ses sociétés comme il s'est engagé à le faire. Finalement, les responsables du Crédit lyonnais annoncent triomphalement à Tapie qu'ils ont trouvé un acheteur. Ce qui n'est pas faux... sauf que l'acheteur en question, c'est la banque elle-même, ou presque... Évidemment, Bernard Tapie ne doit pas être au courant. Juridiquement, cette omerta bancaire vis-à-vis d'un client qui lui a donné un mandat de vente est illégale et la vérité risquerait d'être catastrophique si elle était dévoilée. Pendant les longs mois qui ont servi à examiner l'audit d'Adidas, donc sa valeur potentielle, le Lyonnais, après s'être assuré de sa rentabilité, a créé des sociétés offshore. Des sociétés d'une discrétion exemplaire puisque le secret bancaire y est la règle, que les actionnaires sont anonymes et qu'elles sont exilées dans des paradis fiscaux qui échappent aux lois françaises, en particulier en matière de fiscalité… Une fois ces sociétés installées, par un système compliqué d'intermédiaires, le Lyonnais leur revendra Adidas. Autant dire que la banque a sorti de sa poche droite ce qu'elle a remis dans sa poche gauche. Il ne manquait plus qu'à trouver un véritable acheteur qui accepte de payer plus de 4 milliards de francs pour acquérir Adidas. Ce sera Robert-Louis Dreyfus qui, bien que n'ayant pas les fonds, est intéressé par l'affaire. Pas grave, la banque lui prêtera l'intégralité de la somme, et sans intérêts !

En février 1993, sur proposition du Lyonnais, Bernard Tapie cède donc ses titres pour 2 milliards 85 millions de francs à ce qu'il pense être des sociétés d'investissement. Le même jour, la banque valide la proposition d'achat de Robert-Louis Dreyfus pour un montant de plus du double de la somme touchée par Tapie, soit 4 milliards 400 millions de francs. Le Crédit lyonnais, qui est une banque publique, donc qui doit rendre des comptes à l'État et par conséquent aux contribuables, réalise ainsi une plus-value qui dépasse les 2 milliards de francs et qui échappe aux impôts. Ce chiffre sera d'ailleurs largement révisé à la hausse en conséquence, entre autres, de l'introduction en Bourse d'Adidas et de sa plus-value. Il atteindra finalement plus de 4 milliards de francs en 1995…

Ainsi démarre la saga Adidas. Ces faits ne relèvent pas d'un esprit partisan de ma part : la faute de loyauté du Crédit lyonnais – la banque devait prévenir Tapie qu'il pouvait vendre sa société plus cher que le prix fixé – et celle dite de neutralité – interdiction à un mandataire d'acheter le bien pour lui-même – seront confirmées lors de six procès devant six juridictions différentes. Le Crédit lyonnais a violé la loi, c'est la justice qui l'a affirmé.

Depuis le début de l'affaire Adidas, le Crédit lyonnais n'a jamais eu l'intention de lâcher prise, ni de lâcher quoi que ce soit d'ailleurs. Quand, en plein procès OM-VA, la juge Eva Joly fait tomber une cascade de mises en examen sur la tête de Bernard Tapie, la banque profite de l'occasion, Tapie est en pleine tempête, son image est complètement dégradée, c'est le moment ou jamais ! À l'origine des mises en examen par la juge, l'utilisation et la gestion du bateau de Tapie, le Phocéa, celui avec lequel il avait battu le record de la course transatlantique. Mais pour qu'Eva Joly puisse mener son enquête et interroger Tapie, il fallait que son immunité parlementaire soit levée, car il était toujours député. C'est chose faite le 28 juin 1994, et Eva Joly se rue dans la brèche en délivrant à la police un mandat d'amener à l'encontre de Bernard Tapie. Dès le lendemain de la levée de son immunité parlementaire, des policiers spécialisés dans les opérations coup de poing viennent cueillir Tapie à son domicile et au saut du lit. Pourquoi ce déploiement de forces, alors qu'il aurait suffi que la juge Joly lui envoie une convocation ? Tapie ne s'est jamais dérobé à la justice, il a toujours répondu présent quand il a été appelé à comparaître, alors à quoi servait cette mise en scène spectaculaire ?

À 6 heures du matin, ce 29 juin 1994, huit flics se présentent en voiture devant l'hôtel particulier de la rue des Saints-Pères. La concierge leur ouvre, la voiture traverse la cour en trombe, se dirige vers l'aile où réside Bernard Tapie et heurte la porte d'entrée avec son pare-chocs. Puis les flics grimpent l'escalier quatre à quatre et font irruption dans la chambre du maître des lieux. Tapie, qui dormait, est stupéfié par cette apparition, mais il ne se laisse pas impressionner et en vient aux mains avec l'un des policiers. Après quelques minutes de bagarre, il est menotté et conduit dans un hurlement de sirènes à la brigade financière puis dans le bureau de la juge Eva Joly. Deux heures après, il en ressort libre.

C'est le moment ou jamais pour le Crédit lyonnais d'intervenir et de créer un écran de fumée qui fera passer au second plan les accusations que Tapie a portées à son encontre au sujet de la vente d'Adidas. La banque, qui ne désarme pas, réclame d'urgence le remboursement de toutes les sommes que Tapie lui doit encore à titre de prêts. Pour se couvrir, elle demande à la justice la saisie conservatoire de tous ses biens. Et c'est à cette occasion que je vais vivre une succession de scènes hallucinantes…

Un mois après ce débarquement policier, plusieurs gros camions de déménagement s'immobilisent devant l'hôtel particulier de la rue des Saints-Pères. Cette arrivée a lieu sous l'œil des badauds et de nos fameux journalistes qui campent toujours sur place. Ils devaient se plaire dans le quartier… Ils sont partout : amassés dans la rue, juchés sur le toit, assiégeant l'hôtel situé juste en face, de l'autre côté de la rue. Il se passe toujours quelque chose avec Tapie et là, ils sont aux premières loges pour ne rien rater. Comme le porche d'entrée est très haut – plus de deux étages –, pour avoir une vue sur la cour et ce qui va s'y dérouler, les journalistes doivent avoir un poste d'observation élevé. Certains louent des chambres dans les étages supérieurs de l'hôtel d'en face, d'autres sont abordés par les résidents de l'immeuble qui domine la cour et qui leur proposent un marché : « Vous me donnez un petit billet et je vous laisse faire des photos de chez nous. On voit très bien ce qui se passe chez les Tapie, la vue est excellente… » Devant une jungle de téléobjectifs, de caméras de télévision et d'antennes paraboliques, les déménageurs font la navette. Surveillés par trois ou quatre huissiers, ils déposent à intervalles réguliers, les meubles d'époque, les tableaux de maîtres et autres objets de valeur qu'ils ont saisis à l'intérieur des camions. La rue est bloquée et les curieux se bousculent, désireux de ne pas perdre une miette du spectacle qui sera largement diffusé dans les journaux télévisés le soir même. Mais le « meilleur » reste à venir…

*

*   *

Six mois plus tard, comme le Crédit lyonnais a obtenu de la justice la mise en vente de l'hôtel particulier, il annonce par voie de presse que ce dernier est à vendre. Évidemment, après avoir vu les images de la saisie à la télévision, les gens se disent : C'est celui de Bernard Tapie ! Jouant les agents immobiliers, le Lyonnais organise alors une visite guidée ouverte à tous ceux qui souhaitent se rincer l'œil chez Tapie. Aucune sélection préalable, pas de rendez-vous, riches, pauvres, tout le monde est invité. Il valait mieux, ç'aurait été bête de louper un milliardaire qui se serait baladé dans le coin par hasard, juste au moment où il se creusait la tête en se demandant ce qu'il allait bien pouvoir faire de tout son argent…

Je n'ai jamais vécu une situation aussi absurde, c'était d'une bêtise à pleurer ! L'hôtel de la rue des Saints-Pères valait une fortune, des millions d'euros. La mise à prix initiale, en 1994, était quand même de 70 millions de francs…

Comment imaginer trente secondes qu'un particulier qui a les moyens de débourser une telle somme va faire la queue pendant une heure, dans la rue, au milieu des badauds, et visiter les lieux, entouré de dizaines de personnes ? La situation était tellement grotesque que Tapie n'était même pas là, il était parti dans le Sud, pas spécialement soucieux. Il avait été bien plus choqué, trois ans plus tôt, quand il avait été une première fois cambriolé. Là, il avait vraiment vécu cette intrusion comme une violation de son espace intime. La seconde fois dans sa maison de campagne, en avril 2021, et alors qu'il était malade, a été pire encore. Pas tant parce qu'il a été roué de coups, mais parce qu'il n'a pas pu défendre sa femme qui a été sauvagement frappée, elle aussi, puis traînée par les cheveux dans toute la maison. Après ce cambriolage hyper violent, Tapie ne s'est pas étendu sur le sujet, il n'était pas un homme qui raconte et se plaint, il a juste déclaré : « La seule façon d'arriver à passer au-dessus de cet événement, c'est de ne surtout pas en faire un souvenir. » Par la suite, mon père est retourné dans sa maison de campagne, mais je sais que le sentiment qui dominait chez lui, c'était la haine. La haine envers ces hommes qui avaient sans pitié massacré sa femme et qu'il n'avait pas pu secourir.

Mais revenons à la visite organisée en 1994 par le Crédit lyonnais. Une fois de plus, Tapie m'avait demandé de me charger de la corvée. Ce que je me suis empressé d'accepter. C'était peut-être mon destin de répondre toujours présent quand mon père avait besoin de moi. Comme je l'ai expliqué, je n'étais pas celui de ses enfants dont il était le plus proche, mais cette distance entre nous explique peut-être pourquoi, dans les coups durs, je jouais ce rôle. Il savait que je suis carré, que j'ai les pieds sur terre et que je ne perds pas mon temps à vouloir le changer. Il devait apprécier mon côté pragmatique…

La visite touristique a commencé par l'installation de barrières métalliques pour contenir la foule. La rue était fermée et la circulation interdite. Par qui ? Par quoi ? Peu importe… Bien avant l'heure prévue, les gens ont commencé à s'agglutiner devant la porte. Il en arrivait de partout, ils étaient deux mille quand l'huissier a débuté les visites par paquets de quinze à vingt personnes. J'avais l'impression d'être aux journées du Patrimoine ou… au parc Astérix. Quand j'ai vu cette foule bruyante qui attendait dans la rue jusqu'au boulevard Saint-Germain, j'ai dit à l'huissier :

– Ça en fait du monde ! Incroyable le nombre de riches qui ont les moyens de s'acheter un hôtel particulier !

Comme ce n'était pas le genre à apprécier mon humour et qu'il était loin d'être un rigolo, il a pincé les lèvres et m'a répondu froidement :

– C'est ouvert à tous. Nous ne faisons pas de discrimination, Monsieur !

Je n'ai pas pu m'empêcher de rétorquer :

– T'as raison ! Il n'y aura pas un mec pour se porter acquéreur, mais ce n'est pas grave, tu vas pouvoir justifier ton salaire et le budget de la journée.

Puis j'ai tourné les talons et j'ai regardé les gens qui piétinaient sur le trottoir, et dans le lot, j'ai reconnu quelques journalistes qui espéraient passer incognito, les concierges des immeubles voisins, des femmes que je croisais régulièrement dans la rue. Pas de doute, c'étaient des acheteuses potentielles... Tous ceux qui attendaient étaient persuadés de voir Bernard Tapie dans le rôle du propriétaire faisant visiter son palais avant de le vendre au plus offrant. Ils s'étaient déplacés aussi pour ça et ils ont dû être profondément déçus. Tout ce cirque était d'une absurdité navrante.

Six mois auparavant, quand les huissiers avaient procédé à la saisie, ils avaient laissé dans les murs le minimum prévu par la loi. Comme je ne suis pas attaché aux biens matériels, la seule chose qui avait alors retenu mon attention, c'était la poussière aux endroits où étaient auparavant accrochés les tableaux. J'avais pensé : le ménage est mal fait ! Le jour de la visite, l'hôtel était donc au trois quarts vide, pour ne pas dire qu'il l'était totalement. Il n'y avait plus grand-chose à voir, mais pour les curieux, c'était suffisant, c'était même déjà beaucoup. Je me suis tapé toutes les visites pour empêcher d'éventuels vols ou dégradations. Je n'avais pas envie que des gens repartent avec un morceau de drap qu'ils auraient arraché, en douce, au lit de mon père. Je n'ai pas été assez vigilant, quelqu'un a piqué la brosse à dents et le dentifrice de Tapie. J'imaginais la tête du voleur quand il était rentré chez lui, brandissant son butin et criant à la compagnie : « C'est la brosse à dents et le dentifrice de Nanard ! » Tu parles d'un exploit ! Être en possession du tube dont, éventuellement, Bernard Tapie aurait pu se servir, quel trophée ! Peut-être même que pour se mettre dans la peau du personnage, le gars avait utilisé la brosse à dents.

La majorité des gens étaient des retraités, l'âge moyen était donc plutôt vieux. Ils exigèrent de tout voir, même les toilettes, ce qui était pourtant d'un intérêt très relatif… Mais pas question qu'ils ratent quoi que ce soit. Certains avaient prévu leur coup : des mémères avaient un appareil photo dissimulé dans leur parapluie et si c'était leur mari qui le planquait, ils les cachaient sous leur casquette. Tous voulaient prendre des photos souvenirs pour les montrer à leur famille et à leurs amis. Ce moment inoubliable aurait été leur heure de gloire… J'avais posté à la sortie un service de sécurité qui confisquait les appareils si les gens refusaient de lui donner la pellicule. Il ne faut pas croire que cela décourageait ces photographes d'un jour et qu'ils faisaient profil bas. Ils ne se gênaient pas pour râler. Je rappliquais et leur disais :

– Même si vous avez le droit de visiter, cela reste une propriété privée et vous ne pouvez pas prendre de photos sans autorisation. Vous voyez l'homme qui est à côté de vous ? Oui, là… C'est un policier. Si vous voulez porter plainte, allez-y, ça m'est complètement égal. Mais en attendant que vous vous décidiez, soit vous me remettez la pellicule, soit je garde votre appareil. Vous avez le choix…

Alors que le public dehors piaffait en attendant impatiemment son tour, à l'intérieur, les visiteurs en file indienne n'en perdaient pas une miette. Les commentaires étaient surréalistes : « Ah, c'est là qu'il fait popo et pipi… Ah, c'est là qu'il prend sa douche. J'aimerais bien avoir une douche à jets comme ça… » À côté, un monsieur s'exclamait à l'intention de ses voisins : « C'est beaucoup plus beau que tout ce qu'on nous avait raconté ! » Et moi, je pensais : « Tu es loin d'imaginer comment c'était avant le passage des huissiers. Tu n'as rien vu, quand il y avait les meubles et les tableaux accrochés au mur, c'était encore bien plus beau ! »

Les gens ont fouiné partout, même dans des pièces qui n'existaient pas. Ils soulevaient les rideaux, inspectaient les boiseries et les murs, pour un peu, ils les auraient sondés. Ils espéraient découvrir un passage secret, peut-être même un souterrain. Dans ces bâtisses du XVII^e siècle, se disaient-ils, et en particulier au cœur d'un vieux quartier de Paris, il y a toujours eu une porte dérobée pour s'enfuir en cas de danger. Il devait sûrement exister une issue de secours, le tout était de la trouver… Remplie d'importance, une dame chuchotait à l'intention de son mari : « Je suis certaine qu'il y a quelque chose de caché derrière ce placard… » Et son bonhomme renchérissait : « À moins que ce ne soit au-dessus… Mais tu sais, je suis sûr qu'il faut un code spécial pour ouvrir… » En clair, ils pensaient tous les deux que, s'ils réussissaient à trouver la porte secrète, après quelques minutes de marche dans l'obscurité, ils tomberaient sur Tapie. Un peu comme dans le film *Palais royal* quand ils tombent sur la reine. Qu'aurait bien pu faire Tapie à cet endroit ? Peu importe ! Je ne disais rien, mais intérieurement, je me marrais : « Il n'y a rien, abruti, tu n'as pas remarqué que c'est un faux placard ? »

Cette visite qui, à l'origine, aurait dû être une épreuve pour moi ne m'a pas semblé pénible. Elle m'est passée au-dessus du cigare. Quand à la fin j'ai trouvé un papy caché dans un placard, je n'ai même pas été surpris.

– Que faites-vous ici, Monsieur ?

– Heu, je vous signale que c'est une visite par huissier, donc c'est public, donc j'ai le droit !

– Oui, mais la visite est terminée. Maintenant, il faut vous diriger vers la sortie. Allez, on y va…

Il avait soixante-dix piges, le pépère, et il voulait refaire la visite tout seul, une fois que tout le monde serait parti. Là, il aurait pu pleinement apprécier l'endroit où Bernard Tapie vivait et découvrir des « choses ». Allez savoir, peut-être même un trésor encastré dans un mur ou enterré quelque part dans le jardin…

Ce qui m'a le plus frappé, c'est ce que je lisais dans le regard de tous ces visiteurs. Ils avaient la même expression que ces automobilistes qui, en voyant un accident, s'arrêtent sur l'autoroute pour mater longuement le mec ensanglanté et à moitié mort qui gît sur le bas-côté. Il n'y avait pas de haine dans leurs yeux, mais du voyeurisme à l'état pur et beaucoup d'aigreur dans leurs commentaires : « C'est surprenant quand même… un vrai petit Versailles. Il faut avoir les moyens… », « Eh bien, ce n'est plus aux mêmes de rigoler maintenant » !

En réalité, tout cela n'avait rien d'étonnant. Depuis le début de la carrière de businessman de Tapie, il y a toujours eu un matraquage pour persuader les gens qu'il faisait fortune sur leur dos ; que d'une façon ou d'une autre, détournée le plus souvent, ce qu'il possédait leur appartenait. Si on adopte ce mode de réflexion et cette logique, les personnes qui visitaient l'hôtel particulier de Tapie n'entraient pas chez quelqu'un, ils rentraient chez eux. C'était une forme de réappropriation, même s'ils n'avaient jamais été les propriétaires d'origine et si, à mon avis, leur comportement relevait plus d'un braquage que d'une récupération.

Parmi tous ces gens qui stationnaient dans la rue, certains étaient venus en groupe. Je me souviens d'une dame dans la file d'attente qui devait être là depuis pas mal de temps. Quand est arrivé son tour d'entrer, elle s'est adressée aux membres de son groupe et leur a dit : « J'ai bien réfléchi, je refuse de participer à cette mascarade, ne comptez pas sur moi ! » Elle a tourné les talons et elle est partie. Les gens se sont regardés et ils se sont mis à la siffler, certains l'ont traitée de « dégonflée ». Pourquoi « dégonflée » ? Parce qu'elle refusait de s'associer à cette comédie ? Avec Tapie, c'était toujours la même histoire : une femme qui était aimable avec lui, c'était de la complaisance, un homme qui reconnaissait ses mérites, un lèche-cul, mais un type qui lui rentrait dedans, c'était un homme, un vrai !

Pathétique, c'est le mot qui résume à lui seul toute cette journée. Il y avait trop de mise en scène, trop de monde, trop de voyeurisme pour que cette comédie soit réellement blessante. C'était *too much*. L'unique acheteur potentiel sérieux qui est venu voir l'hôtel l'a fait plusieurs semaines après la visite générale et il n'était pas perdu au milieu d'une foule. Mais tout ce cinéma n'était pas gratuit non plus, il avait pour but d'ameuter les foules en leur disant : « Mesdames, Messieurs, regardez la cage en or dans laquelle vit le fauve… » Et tout ça pour quoi ? Les six inculpations de la juge Eva Joly se sont soldées par cinq non-lieux et une relaxe, ce qui en dit long sur l'opportunité de ces poursuites.

*
* *

Plus d'une fois, Tapie s'est présenté devant les tribunaux face à un dossier d'accusation vide. Si c'est pour aboutir à un tel fiasco, quel est l'intérêt de multiplier les procédures ? Si Eva Joly n'a pas eu la satisfaction de voir condamner Bernard Tapie, elle en a eu une autre : celle de le faire chier jusqu'au bout du bout en espérant, éventuellement, qu'il plierait sur la durée. Elle a raté son coup, on ne peut pas gagner chaque fois, mais pendant ce temps la presse s'en est donné à cœur joie. Non-lieux ou pas, le mal était fait et pour l'opinion publique, il n'y a pas de fumée sans feu…

Quand on se penche sur le cas Tapie, il y a un élément récurrent qui est symptomatique : chaque fois qu'il a été mis en examen, la nouvelle a été publiée à la une de la presse. En revanche, quand il a obtenu les cinq non-lieux et la relaxe face à Eva Joly, pas un seul journal n'a repris l'information en première page. Tout le monde s'en foutait, et c'est caractéristique d'un état d'esprit permanent à l'égard de mon père. Quand Tapie a gagné le droit de récupérer son argent aux dépens du Crédit lyonnais et que la banque a été condamnée, la réaction n'a pas été : « Ça prouve qu'il avait raison ! » Non, ce que l'on entendait, c'était plutôt : « C'est louche, il a dû magouiller... » Sur le plan médiatique, pour Tapie, la présomption d'innocence n'existait pas, un jugement en sa faveur non plus. Il était condamné avant d'être jugé, coupable même quand il était innocenté. Mes gamins lisaient en permanence que leur grand-père était un escroc, que leur grand-père avait volé les gens, truqué un match, fait ceci ou cela. Et moi, je passais mon temps à mettre en avant des preuves objectives et à leur présenter les faits : « Oui, il a été mis en examen six fois par la juge Joly, mais regardez, il a été six fois innocenté ». Ils me répondaient : « Oui, mais les gens disent... » Alors, j'essayais de leur démontrer que les gens de la rue se nourrissent des articles des journalistes et du discours des politiques ; que c'est à partir de leurs affirmations relatives que l'opinion publique se forge une intime conviction. Je leur expliquais également que les gens survolent les problèmes juridiques, qu'ils ne connaissent rien des dossiers et en particulier de celui de l'affaire Adidas. Et il est vrai que le dossier Adidas est tellement technique que, finalement, personne n'y comprend rien. Même pour moi qui le connais pourtant de l'intérieur, il reste des zones d'ombre impossibles à déchiffrer et je ne suis pas à l'abri d'une erreur involontaire. Il faut être un juriste confirmé pour y voir clair, et encore ce n'est pas évident. Alors, forcément, les gens finissent par penser que les médias ont raison, qu'ils détiennent la vérité. Et quand Tapie se défendait ou que son fils aîné le défendait, ils trouvaient cela normal, mais ils ne croyaient pas pour autant que nous disions la vérité.

Avec le recul, on s'aperçoit que ce n'est pas par hasard que la visite immobilière ou l'action commando des flics rue des Saints-Pères ont été mises en scène de façon aussi spectaculaire. Dès qu'il était question de Tapie, ressurgissait chez les juges d'instruction et les journalistes le leitmotiv : « Je vais me le faire ! » Dans les rédactions, c'était à qui trouverait un événement, une petite phrase, une info qui permettrait de se déchaîner contre lui. Si c'était le cas, les journalistes montaient l'affaire en épingle et balançaient leurs articles pourris, parce que leur principale préoccupation, c'est de vendre du papier et Tapie faisait vendre. S'ils ne trouvaient pas d'info juteuse, malheureusement, ils en inventaient une, et c'est là qu'ils n'étaient pas honnêtes. À force d'affirmer que Tapie était un escroc, ça finissait par s'imprimer dans l'inconscient collectif.

Personne ne disait jamais : « Est-ce que Tapie aurait fait un bon prix Nobel ? », mais : « Est-ce qu'il aurait fait un bon voyou ? »

*

* *

Bernard Tapie et le Crédit lyonnais étaient engagés dans une lutte sans merci depuis près de quinze ans quand, en 2007, Tapie a accepté de recourir à un tribunal arbitral pour juger le différend plutôt que de le laisser s'embourber dans les méandres procéduraux. On peut comprendre à l'âge de soixante-cinq ans, il ait opté pour ce recours face à une justice d'autant plus lente qu'elle devait juger une affaire très compliquée. S'il avait fallu encore quinze ans pour que les décisions soient définitives, Tapie aurait touché son dû à quatre-vingts ans... Cette considération a été un facteur prépondérant dans son choix.

Le 7 juillet 2008, ce tribunal arbitral condamna le CDR (un organisme public chargé par l'État de liquider le passif du Crédit lyonnais après sa quasi-faillite en 1993) à verser 285 millions d'euros à Bernard Tapie, dont 45 pour préjudice moral. Avec les intérêts, le montant final avoisinait donc les 400 millions d'euros (sur lesquels il allait débourser 120 millions d'impôts !). Je suis conscient que pour la moyenne des gens, dont je fais partie, ce sont des sommes colossales, mais elles sont à la hauteur de la valeur d'Adidas, de la prise de risques lors de son acquisition en 1990, et des plus-values qui n'ont jamais été encaissées par Tapie. Adidas était quand même à la deuxième place du classement des plus grandes sociétés internationales. À ce niveau, on ne calcule plus en millions d'euros, mais en milliards. C'est une autre planète… Mais que l'on ne vienne pas parler d'indécence, comme beaucoup l'ont fait, en ce qui concerne les sommes allouées à Tapie. Un salaire de cinq mille euros peut paraître indécent comparé à ce que touchent des gens qui sont au RSA. Mais si ce salaire est le prix d'un travail honnête, je ne vois pas pourquoi il le serait. Que l'on parle d'un euro ou de dix millions, ce n'est pas la somme qui est choquante, c'est l'argent malhonnête.

Dans les années 1980, le stéréotype de l'homme politique, c'était Raymond Barre, posé, bedonnant, pesant ses mots, presque austère. Avoir un physique rassurant, employer un vocabulaire châtié, manifester en toutes circonstances de la retenue, c'était un gage de sérieux. Et puis Bernard Tapie entre dans l'arène avec sa grande gueule, son charisme et son physique de beau gosse. Il aurait pu se contenter d'être intelligent, mais, en plus, il était brillant, parfaitement à l'aise avec les médias et multidimensionnel. À cette époque, Tapie était sur tous les fronts et tout lui réussissait. Il ne calculait pas ses envies, ses propos ou ses réactions, il était ce qu'il était, à prendre ou à laisser. Quand sa société Bernard Tapie Finances a été cotée en Bourse, il est devenu le businessman de référence. Évidemment, sa façon d'être et de se comporter agressait profondément les milieux politiques et économiques traditionnels. Son arrivée en Porsche à la Bourse a alimenté la polémique et provoqué beaucoup d'amertume et de jalousies. Ce n'était pourtant pas de la provocation. Connaissant le milieu d'où il venait, c'était avant tout, pour Tapie, un moyen de démythifier l'argent, de montrer qu'il était accessible à tous. Mais la classe financière et politique ne l'a pas pris ainsi, les journalistes non plus. Pour tous, ce signe extérieur de richesse était une agression. Pourtant, si tu es au volant d'une Porsche et que tu t'es battu pour pouvoir te l'offrir, si tu as travaillé comme un damné pour l'acquérir, tu assumes, tu ne t'en caches pas. Si ta voiture est un signe extérieur de réussite, pourquoi ne pas le revendiquer ?

L'ennui, c'est que beaucoup de Français et la quasi-totalité des journalistes n'aiment pas la réussite, surtout quand elle permet à quelqu'un de s'enrichir. Dans notre pays, être riche, c'est suspect, et quand on l'est, on est forcément un rentier ou un voleur. Et comme Bernard Tapie n'était pas un rentier…

Une fois le jugement du tribunal arbitral rendu public, les médias vont tout de suite insister sur l'énormité des sommes allouées à Tapie. Pour cela, ils pratiquent l'amalgame, comparant ce qui n'est pas comparable : l'argent qui revient de droit à Tapie et les indemnités versées à un homme victime d'une erreur judiciaire ou médicale. Il n'y a pourtant aucune comparaison possible. Il est ridicule de mettre sur le même plan un paiement en dédommagement d'une erreur et la valeur marchande d'un bien ainsi que le profit qu'on pouvait en espérer. Qu'importe, les médias s'acharnent, les politiques alimentent la polémique et l'opinion publique, profondément choquée par les 45 millions de préjudice moral, leur emboîte le pas. François Bayrou donne de la voix, Jean-Marc Ayrault parle de « copinage d'État » ; quant au reste de la gauche, comme on pouvait s'y attendre, elle conteste ouvertement la décision du tribunal arbitral. Les hautes personnalités qui avaient donné leur feu vert à cet arbitrage et celles qui composaient ce tribunal sont mises sur la sellette. Une information judiciaire contre X est ouverte en 2012. Des mises en examen pour « escroquerie en bande organisée » vont se succéder l'année suivante.

Ces poursuites visent certains membres du tribunal et même l'avocat de Tapie. Les juges de la brigade financière les soupçonnent d'avoir tous été complices dans le but de favoriser les intérêts de Bernard Tapie. Une fois de plus, celui-ci se retrouve au cœur de la cible et il ne va pas tarder à être mis en examen à son tour. Il est soupçonné d'être intervenu auprès de plusieurs personnes haut placées – dont Pierre Estoup, l'un des juges du tribunal arbitral – pour obtenir une décision qui lui serait favorable. Le 24 juin 2013, Tapie est placé en garde à vue, une grande partie de ses biens sont ensuite mis sous séquestre et ses comptes en banque, bloqués.

Un recours, introduit au civil par les pouvoirs publics pour contester l'arbitrage rendu en 2008 en faveur de Tapie, est rejeté en avril 2014. La première chambre de la cour d'appel de Paris déclare « irrecevable le recours en annulation » de la sentence arbitrale. Commentaire de Tapie à l'époque : « Cela ne fait qu'une décision de justice de plus qui nous est favorable. En attendant la prochaine… »

La demande d'annulation n'ayant rien donné, pourquoi ne pas demander carrément la révision du jugement arbitral qui a octroyé 404 millions d'euros à Tapie ? Loin de s'avouer vaincu, le consortium de réalisation chargé de solder les comptes du Crédit lyonnais dépose alors, conjointement avec le ministère public, une demande de révision du jugement de 2008. Le 7 février 2015, la cour d'appel de Paris donne une suite positive à cette demande et annule l'arbitrage. Elle ne précise pas toutefois, dans son arrêt, si Tapie doit rendre les millions qui lui ont été versés en 2008.

Avant de se prononcer à l'époque en faveur d'un arbitrage dans cette affaire, Christine Lagarde, alors ministre de l'Économie, avait posé ses conditions : l'indemnisation serait soumise à un plafond ; Bernard Tapie devrait se désister de toutes les procédures qu'il avait lancées au pénal ; les deux parties accepteraient la décision du tribunal arbitral et n'iraient pas devant la cour d'appel. À partir du moment où les accords ont été rompus par le consortium et le ministère public, Bernard Tapie considère qu'il n'est plus lié par ses engagements auprès de Christine Lagarde. Il retourne donc devant la cour d'appel et contre-attaque en demandant entre 516 millions et 1,174 milliards d'euros en réparation du préjudice économique subi. Le « préjudice moral et personnel » étant, lui, fixé à hauteur de 50 millions. Toujours en février 2015, coup de théâtre, la cour d'appel rejette les demandes de Bernard Tapie et le condamne à payer solidairement, avec son épouse, les 404 millions obtenus en 2008.

En 2016, validation par la Cour de cassation de la décision d'annulation.

En 2017, Tapie est assigné à comparaître devant le tribunal correctionnel pour escroquerie et détournement de fonds publics. Ses avocats demandent le renvoi, car il doit être opéré de son cancer le lendemain de l'audience. Le renvoi est rejeté, la présidente considérant que Tapie a déjà eu, par le passé, tout loisir de s'exprimer et que ses arguments sont connus ! La pilule est dure à avaler, mais contre toute attente, la présidente et ses assesseurs relaxent Tapie dans les grandes largeurs ! Donc sur un plan pénal, Tapie est déclaré innocent. Cela signifie-t-il qu'il n'aura pas à rembourser les 404 millions qu'il a touchés ? Pas du tout ! Les juges de l'audience civile qui, pour faire court, s'occupent des histoires de gros sous, ont un avis différent de leurs confrères au pénal qui jugent si la loi a été violée. Ces derniers prononcent une relaxe, les civilistes, eux, jugent Tapie coupable, il doit payer ! Comment deux cours peuvent-elles avoir des jugements radicalement opposés sur un même dossier ? L'ennui, c'est que le jugement de l'instance civile est définitif, Tapie est obligé de solder son passif ! Encore un procès en appel sur la relaxe au mois de mai 2021, sans Tapie très affaibli qui décédera quatre mois après, en octobre. Avec sa mort, l'action au pénal est éteinte comme disent les juristes. Les procédures et les charges qui pèsent contre lui sont abandonnées, mais le remboursement des 403 millions est toujours d'actualité. Et si ce n'est lui, ce seront ses héritiers. En résumé, Bernard Tapie est mort innocent, mais condamné à payer. D'où les biens personnels saisis puis vendus les uns derrière les autres, les sociétés placées en liquidation judiciaire. Autant dire que la fortune de Tapie s'est réduite comme peau de chagrin avant de partir totalement en fumée. L'ennui, c'est que ses dettes n'ont pas suivi le même chemin, elles ne se sont pas évaporées. Plus de 400 millions à rembourser, c'est une somme !

Comme sa femme ni aucun de nous, ses enfants, ne disposons d'une telle fortune, il ne nous restait qu'une solution : renoncer à la succession. Que faire d'autre ?

Vu de loin, on pourrait penser que Tapie aurait pris des dispositions pour nous préserver. Beaucoup d'ailleurs restent persuadés qu'il a planqué de l'argent dans un paradis fiscal, de manière à assurer ses arrières au cas où... Je vais les décevoir, mais il n'a rien planqué du tout, et pour une simple et bonne raison : Tapie était convaincu qu'il allait guérir, et il n'était pas le seul, tout le monde, moi le premier, y croyait. Ses facultés intellectuelles qui, malgré la maladie, sont restées performantes jusqu'à la dernière extrémité, ne l'incitaient pas à en douter. Si mon cerveau fonctionne, c'est que rien n'est perdu ! Quand, enfin, il a réalisé que, cette fois, il n'emporterait pas cet ultime combat, c'était trop tard, il était mourant. De toute façon, Tapie n'était pas dans la transmission, il n'était pas un bâtisseur d'empire comme l'ont été Marcel Dassault ou Marcel Boussac. Transmettre ? Oui, un jour, quand le moment sera venu et... ce moment n'est jamais venu. Il n'a pas anticipé parce qu'il ne croyait pas que le cancer le tuerait, qu'il pensait comme il a toujours pensé : « Je vais gagner ! » C'est paradoxal d'être héritier et de n'hériter de rien… Sauf qu'en ce qui me concerne, je m'en moque complètement. Je n'ai jamais été attaché aux biens matériels, je ne suis pas intéressé, et ça vaut mieux !

Avec le recul, beaucoup d'éléments me choquent dans cette affaire qui a détruit mon père, mais en particulier l'énormité de la plus-value engrangée par le Crédit lyonnais quand la banque a revendu Adidas à Robert Louis-Dreyfus : 2 milliards 300 millions de francs de bénéfices, totalement exonérés d'impôt en plus ! Pour mémoire, le double de ce qu'elle avait versé à Tapie. Puisque cette banque était une banque d'État, pourquoi cette somme n'a-t-elle pas été reversée aux Français ? L'opinion publique se trompe de cible : ce n'est pas Bernard Tapie qui a été renfloué par l'argent des contribuables au moment du jugement arbitral, c'est le Crédit lyonnais parce qu'il était au bord de la faillite ! Voilà pourquoi les accusations qui étaient portées contre mon père l'horripilaient, et que pendant vingt-cinq ans, il a mené cette lutte acharnée, une lutte mortelle en définitive. D'autant plus que, malgré le nombre incalculable de procès et les tonnes de procédures, il n'a jamais été condamné dans cette affaire, si ce n'est à rembourser l'argent reçu. Quant à moi, je pense que son parcours politique a démontré à quel point il avait toujours respecté l'argent public, et c'est incontestable.

*
* *

*Une garde à vue interminable*

Dans le cadre de l'enquête concernant les soupçons d'escroquerie et de détournements de fonds public qui pesaient sur Tapie, il a été placé en garde à vue afin d'être interrogé.

La plupart des gardes à vue durent vingt-quatre heures. Dans le cas d'affaires particulièrement graves et compliquées, elles peuvent atteindre quarante-huit ou au maximum soixante-douze heures, mais c'est déjà beaucoup plus rare. Il n'y a qu'en matière de trafic de drogue et de terrorisme que leur durée est portée à quatre-vingt-seize heures. C'est pourtant le régime auquel a été soumis Bernard Tapie... Six mois après cette garde à vue interminable, en décembre 2013, le Conseil d'État a considéré qu'une durée de quatre-vingt-seize heures était, dans ce genre d'affaires, « *une atteinte portée aux libertés individuelles et aux droits de la défense* » et qu'elle n'était pas « *proportionnelle au but poursuivi* ». En clair, cette garde à vue a été beaucoup trop longue par rapport à la gravité des faits reprochés. Mais quand il s'agit de mon père, pourquoi s'embarrasser de demi-mesures ? Il a donc été enfermé quatre jours et quatre nuits dans une chambre à l'Hôtel-Dieu de Paris. Pourquoi dans un hôpital et non au palais de justice ? Les médias ont raconté qu'il avait fait un malaise et qu'il avait été placé sous surveillance médicale. C'est absolument faux, tout cela est bidon. Quant à sa « chambre », elle ressemblait plus à une cellule d'Alcatraz qu'à une chambre d'hôpital. Il y avait un lit, un lavabo, pas de fenêtre, donc aucune source de lumière naturelle, juste une lampe. À l'arrivée, comme il est d'usage, les flics lui ont retiré sa montre, ses lacets de chaussures, sa ceinture. Quand on est plongé dans ces conditions et que l'on se retrouve sans aucun repère sensoriel, on est vite désorienté. Plus encore quand les enquêteurs font irruption à tout moment, sans se soucier de l'horaire. C'est le propre des manœuvres de désorientation. Quand tu demandes aux gars qui t'interrogent quelle heure il est, ils te répondent une fois qu'il est midi, l'autre fois qu'il est 20 heures, tout devient confus et tu finis par ne plus savoir où tu en es. En outre, comme la pièce est dans le noir, impossible de deviner si c'est le jour ou la nuit… À la fin de cette garde à vue, Tapie était très atteint, mais comme il a un orgueil incroyable, il n'a montré aucun signe de faiblesse et il a donné le change.

Il arrive parfois que, même dans une situation dramatique, se glisse une touche humoristique… Quand Tapie est sorti de l'Hôtel-Dieu, comme d'habitude, la question des journalistes s'est posée : comment les empêcher de le harceler et ne pas risquer de voir, le lendemain, sa photo dans tous les journaux ? Si pour les juges ça ne posait pas de problème, les pompiers qui étaient sur place et assistaient à la scène se sont montrés beaucoup plus sympas. Ils ont proposé d'appeler une ambulance privée pour emmener discrètement Tapie et, cette fois, il leur a donné son accord. Dès que l'heure de sa sortie a été fixée, je suis parti à moto pour m'assurer qu'aucun journalistes ne suivait l'ambulance. Mais dans le même temps, ma belle-mère recevait un coup de téléphone de l'avocat de Tapie. Il lui a dit de prendre immédiatement sa voiture pour aller récupérer mon père et expliqué à quel endroit le rendez-vous était fixé. Puis il a ajouté : « Bernard a bien insisté, il faut que vous veniez avec son chien ! » Mon père était raide dingue de son clébard. C'était un cane corso, un genre de dogue gris souris de cinquante kilos, avec une tête énorme et de grosses babines qui pendouillaient. Le style de chiens qu'affectionne Alain Delon, qui lui aussi ne jure que par ses molosses. Voilà peut-être pourquoi mon père et lui s'appréciaient autant. Aimer les mêmes chiens, ça crée des liens…

Ma belle-mère embarque donc le bestiau et arrive sur place juste après moi. Et là, j'hallucine. Mon père sort de quatre jours et quatre nuits de garde à vue, il a très peu dormi et il est épuisé. Je m'attends à le voir anéanti, or sa première réaction en descendant de l'ambulance, c'est de faire la fête à son chien : « Oh, mon Bubble ! Comment il va, mon Bubble ? » Mon père l'appelait « Bubble » parce que, avec ses grosses babines, il n'arrêtait pas de baver et de faire des bulles… D'ailleurs, au retour, quand je me suis collé à moto derrière la voiture, ça n'a pas raté. Le clebs avait la tête qui dépassait de la fenêtre et, à 120 km/h sur l'autoroute, vlan, je me suis pris une énorme bulle baveuse en plein milieu de la visière. Arrivé chez mon père, ça coulait toujours.

Tapie n'en avait que pour son chien, il lui parlait comme si c'était son enfant. D'ailleurs, il nous disait souvent, en riant : « Vous avez intérêt à être gentils avec Bubble, c'est lui qui aura l'héritage ! » Il avait beau se marrer, je pense qu'il y avait une part de vérité…

Par le passé, mon père avait eu d'autres chiens, dont un mort à sept ans, dans ses bras, d'une crise cardiaque. C'était juste la veille d'un *meeting* politique du Mouvement des radicaux de gauche. Il avait annulé sa participation. Les cadres du parti avaient compris, les journalistes s'étaient moqués. Ils ne devaient pas avoir de chiens… Mon père prétendait que Bubble était le seul qui le comprenait, et quand il parlait de lui, il devenait complètement débile. À l'arrière de son bateau, sur le pont, il avait même installé un coin de jardin pour que son monstre fasse ses petits (?) besoins… Le plus incroyable, c'est que Tapie et Bubble se ressemblaient. Ils étaient aussi mastocs l'un que l'autre et, même si Tapie ne bavait pas (encore heureux !), ils avaient les mêmes mâchoires, le même mufle, la même puissance. La différence, c'est que, malgré son apparence, son gros clébard était inoffensif, alors que Tapie, lui, mieux valait ne pas le chercher…

# – 11 –

## Revue de presse

Entre les journalistes et Bernard Tapie, il y a toujours eu une relation d'amour et de désamour. Mais, malgré ce que certains racontaient ou écrivaient, personne ne pouvait vraiment modifier l'idée que les gens se faisaient de Tapie. Et pour une simple et bonne raison : les Français avaient déjà une opinion arrêtée sur le personnage et, quoique certains puissent en dire, ils ne changeaient pas d'avis. Alors, peu importe que Tapie ait été présenté comme le marlou de service dans *Les Guignols de l'info* sur Canal+. Et puis, il valait mieux être un marlou qu'un voyou…

J'ai eu l'occasion de discuter avec Bruno Gaccio, qui a été scénariste des Guignols pendant quinze ans, et avec Yves Lecoq, l'imitateur qui prêtait sa voix à la marionnette de mon père.

Je leur ai demandé pourquoi ils en faisaient des tonnes avec leur Nanard « sévèrement burné ». Gaccio m'a répondu :

– Mais c'est un tel défouloir ! On fait dire à sa marionnette tout ce que nous-mêmes, nous rêvons de dire. Et comme on ne peut pas se le permettre, on le met dans la bouche de Tapie et ça passe !

Il est vrai que, dès le début des Guignols, les gens ont ressenti une grande proximité avec la marionnette de Tapie. Ils adoraient son langage cash et populaire, ses vérités bien senties, ses expressions plutôt fleuries. Pour les téléspectateurs, c'était un clone de Tapie, de sa façon de parler et de se comporter. Ils ne s'en lassaient pas et ça boostait l'audimat.

Faire grimper l'audience : c'était la première motivation des producteurs quand ils invitaient Tapie dans leurs émissions. Ils étaient certains que le public serait au rendez-vous et ils n'avaient pas tort, ça se vérifiait chaque fois. Ce qui attirait les gens devant leur poste, c'était la crédibilité de Tapie. Il est vrai qu'il ne se cachait pas derrière un rôle de composition et jouait cartes sur table. Son vocabulaire était accessible à tous, il employait les mots de la rue et il avait un don pour simplifier et rendre compréhensibles les affaires les plus compliquées, celles qui, racontées par d'autres, auraient fait bâiller d'ennui la France entière. Avec Tapie sur un plateau de télévision, il se passait toujours quelque chose, ce n'était jamais plat, il créait l'événement. Les journalistes avaient beau essayer de le mettre sur le gril, comme il n'était pas impressionnable, rien ne le déstabilisait ; il s'énervait, il s'excitait, il gueulait comme… à la maison. Le lendemain de la diffusion, l'audience était au zénith.

Bernard Tapie était une aubaine pour les producteurs dont l'émission battait de l'aile. Beaucoup m'appelaient régulièrement, en général ceux que j'avais connus quand je travaillais à TF1. Ils n'y allaient pas par quatre chemins : « J'ai une grosse chute d'audience, tu ne veux pas être sympa et demander à ton père de venir dans l'émission ? » Difficile d'être plus clair…

J'ai déjà évoqué cette mode qui consistait pour les journalistes à « se faire Tapie ». Ainsi il a été invité par Michaël Youn sur la radio Skyrock pour parler du site Internet de mon frère Laurent et répondre aux questions des auditeurs. Michaël Youn, c'est le genre délirant.

Il se moque comme de sa première cagoule du conformisme ambiant et il est toujours prêt à transformer une émission en happening. Mais, là, comme les autres, il avait invité Tapie pour lui rentrer dedans. Mon père se retrouve donc au micro de Skyrock quand un auditeur répète à l'antenne la fameuse phrase que Tapie a dite après « la main de Vata » en 1991 : « Ça va, j'ai compris… » Sauf que l'auditeur transforme la phrase et que dans sa bouche, elle devient : « Maintenant, j'ai compris comment gagner une coupe d'Europe… » Tapie rectifie l'erreur.

– Je n'ai pas dit ce que vous racontez !

L'auditeur s'entête.

– Si, vous l'avez dit !

– Je n'ai jamais dit ça !

– Si, Bernard !

Michaël Youn se frotte les mains. Comme l'échange entre Tapie et l'auditeur tourne au dialogue de sourds, Youn, qui veut « se faire mousser » (sic), interrompit la discussion et s'exclame :

– Bernard Tapie, que vous ayez prononcé cette phrase ou pas, on va couper la poire en deux. Vous avez fait huit mois de prison, ce n'est quand même pas pour rien…

Tapie arracha son casque et se leva, très en colère.

– Je viens en ami pour parler du site Internet de mon fils et tu me poses des questions à la con, je me casse !

Il monte chez le directeur de Skyrock pour lui demander des explications et comme ce n'est pas une émission en direct, Michaël Youn arrête l'enregistrement et le rejoint. Dans le bureau du boss, il trouve Tapie hors de lui et il comprend qu'il est allé trop loin. Désolé par la tournure que prennent les événements, il lui propose d'oublier cette question et de réenregistrer l'émission. Tapie, en rage, se tourne vers lui et lance :

– Non, on ne va rien enregistrer du tout. Ce que je vais faire, c'est te casser la gueule !

La formule était très exagérée, Tapie lui a juste mis une petite claque… Mais si l'on écoute Michaël Youn, c'était une claque à la David Douillet, une belle gifle partie de loin. Comme ils n'allaient pas se fâcher pour si peu, l'animateur a reconnu qu'il avait voulu faire le malin, et Tapie et lui ont fini par se réconcilier…

Un autre qui a pris cher, c'est le journaliste Pascal Praud. En 2001, il commentait les matchs de football sur TF1 et c'est un euphémisme de dire que ses critiques n'étaient pas toujours fondées… Il donne donc un avis qu'il croit autorisé sur les entraîneurs de l'OM, et comme le hasard fait parfois mal les choses, il se retrouve sur les Champs-Élysées à Paris, dans la même boutique de prêt-à-porter que Tapie. Nanard s'approche de lui, bien décidé à lui expliquer sa façon de penser, et la conversation s'envenime. Le boss de l'OM traite Praud de « connard », et pour ne pas être en reste, le journaliste traite à son tour Tapie de « gros connard », ce qui peut être considéré comme une escalade verbale… Comme un taureau qui fonce dans l'arène (sic Praud) Tapie s'élance, secoue sans ménagement le journaliste sportif, l'empoigne par le col de sa veste et lui fait traverser manu militari tout le magasin avant de le jeter dehors. Comme il fallait s'y attendre, Pascal Praud a porté plainte, mais quand Tapie était furieux, rien ne l'arrêtait. En tout cas, en ce qui me concerne, la cause est entendue : Tapie ne frappait pas, il se défendait…

Sur le terrain des médias, les journalistes tiraient sur Tapie avec une kalachnikov et lui, en face, il avait un canif entre les mains. Un canif très bien aiguisé, mais quand même… J'ai vu des journalistes s'adresser à Bernard Tapie d'une façon si agressive, si arrogante qu'on se demande de quel droit ils agissaient ainsi. Je ne les ai jamais entendus parler à qui que ce soit d'autre de cette manière, aucun personnage public français n'a été traité avec autant de grossièreté.

J'ai souvent eu l'impression que le sport national était devenu de « casser du Tapie », et que pour y arriver tous les moyens étaient bons. Quand un journaliste lançait une rumeur sur lui, elle était immédiatement perçue comme un fait avéré. Tapie avait beau la combattre, elle s'imprimait dans l'esprit des gens, et c'est logique. Un journaleux qui écrivait une saleté sur son compte dans un torchon était lu par des centaines de milliers de lecteurs, voire des millions. Ça ne manquait jamais. Que vaut une seule voix qui s'élève pour dénoncer un mensonge ? Elle ne pèse pas lourd et c'est ce que Tapie, dans une émission sur TF1, avait voulu faire comprendre à Guillaume Durand, un vrai journaliste, lui, alors qu'il faisait allusion à certaines rumeurs médiatisées. À un moment, Tapie avait dit à Durand :

– Et si moi, je raconte partout qu'en passant devant votre loge tout à l'heure, je vous ai vu en train de vous mettre de la poudre dans le nez ?

– Mais ce n'est pas vrai ! s'est insurgé Durand.

– Peut-être, mais c'est ça une rumeur !

C'était la meilleure des démonstrations…

Évidemment, avec les journalistes, Tapie payait sa grande gueule, ses provocations, son insolence. Je me souviens d'un journaleux qui, à l'époque de l'OM, avait écrit des contre-vérités sur les joueurs. Tapie s'est planté devant lui et lui a balancé : « Tu dégages des vestiaires, tu dégages du stade, tu n'as plus rien à faire ici ! » L'autre a publié un papier pourri pour se venger. Et il n'est pas le seul, les journalistes se sont pris tellement de peaux de banane avec Tapie... Alors quand ils le voyaient au journal de la 2 laminer David Pujadas, ils étaient persuadés que s'ils étaient à la place de leur confrère, ça ne se passerait pas de la même façon. Eux, ils auraient le dessus, ils se « feraient Tapie » ! C'est ce qu'ils croyaient, sauf que quand ils étaient devant leur écran de télévision en train de déblatérer leurs saloperies, ils n'étaient pas face à Tapie... Il n'empêche, dès le lendemain, ils allaient cracher leur venin dans leurs canards, monter l'opinion publique contre lui en insistant sur sa fortune, ses signes extérieurs de richesse, son bateau, sa propriété de Saint-Tropez. L'ennui, c'est que, contrairement à ce que croyaient les journalistes, l'homme de la rue ne rêvait pas que Tapie soit aussi pauvre que lui, il rêvait d'être aussi riche que Tapie. Quand monsieur Tout-le-Monde voit passer un type dans une super bagnole, il se dit :

« Moi, un jour, j'aimerais bien rouler dans une voiture pareille… » Le journaleux, lui, regarde le conducteur et pense : « Pauvre type, toi, un de ces quatre, tu te retrouveras en scooter, comme moi ! »

Vous l'avez compris, je parle des journaleux, pas des grandes plumes du journalisme, des grands reporters, de ceux qui ont l'honnêteté de réfléchir avant de critiquer. Ceux-là n'incitent pas les gens à juger de façon péjorative, ils ne cherchent pas systématiquement à démolir, ils réfléchissent, ils argumentent, ils débattent. C'est ce qui les distingue du journaleux aigri de la vie. Lui, à longueur de pages ou d'émissions, démonte ce que font les autres parce que c'est sa seule manière d'exister, parce qu'il est plus facile de critiquer que d'entreprendre et de créer. Il écrit au fil de son humeur, au détriment de l'investigation. Ce qui ne l'empêchait pas quand il avait publié un article à charge de téléphoner à Tapie pour s'excuser.

– Je suis désolé, ce n'est pas du tout ce que j'avais écrit, la rédaction a changé le sens de mon papier…

Tapie connaissait la musique :

– Tu me prends pour un débile ? Va te faire voir !

Et il raccrochait.

# – 12 –

# Tapie en scène

Dès 1995, Tapie est déclaré en faillite personnelle, inéligible et tenu à l'écart du monde du football. Il n'y a alors pas beaucoup de gens pour lui proposer du travail… L'une des rares personnes qui a eu le courage de le faire, c'est Claude Lelouch. En lui donnant un rôle dans son film *Hommes, femmes : mode d'emploi*, il ne se doutait pas à quel point sa collaboration avec Tapie allait empoisonner sa vie. Harcelé par des corbeaux qui l'insultaient et l'inondaient de lettres anonymes, Lelouch va devenir « la honte du cinéma français. Ce qui n'empêchera pas le film, en dépit des critiques, de connaître un vrai succès populaire avec plus d'un million d'entrées. C'était en 1996, la première fois que Tapie jouait au cinéma. Il n'était pas vraiment dépaysé, car Claude Lelouch l'avait mis dans la peau d'un homme d'affaires. En revanche, au niveau des dialogues, tout restait à écrire ou plutôt à inventer. À la différence des autres réalisateurs, Claude Lelouch n'impose jamais un texte à ses acteurs. Il leur donne quelques indications, les renseigne sur l'ambiance, le contexte dans lequel ils vont intervenir, mais il en reste là. Après, c'est aux acteurs de jouer. Ils sont dans l'improvisation totale. Et c'est exactement ce qu'il fallait pour que Tapie soit à son meilleur. Dans *Hommes, femmes : mode d'emploi*, il y a une scène dans une voiture où il dialogue avec Fabrice Luchini. Et là, même si, d'une certaine manière, « il fait du Tapie », il est extraordinaire.

Ce rôle pourrait être l'exception qui confirme la règle parce qu'en général, je ne trouvais pas que Tapie était un bon acteur, mais il y a eu une autre occasion où il s'est révélé être un grand comédien. C'était en 2000, au théâtre, dans *Vol au-dessus d'un nid de coucou*.

Tapie reprenait le rôle de McMurphy, auparavant interprété par Jack Nicholson dans le film de Milos Forman. L'histoire met en scène un gars qui, pour échapper à la prison, se fait interner dans un hôpital psychiatrique, se rebelle contre l'ordre établi et entraîne les malades dans sa révolte. Le personnage convenait parfaitement à Tapie. Vouloir enfoncer des portes qui ne sont pas ouvertes et qui ne sont pas étudiées pour ; aller où il ne faut pas et pousser les êtres et les situations jusqu'à la dernière limite, jusqu'au point de rupture, c'était ce qu'avait toujours fait Tapie dans la vie. J'étais dans la salle et, au bout de trois minutes, j'ai réalisé qu'il était un acteur fabuleux, monstrueux ! Les critiques ont été extraordinaires. C'était tellement différent des rôles qu'il avait joués auparavant et de ceux qu'il jouerait par la suite... Malheureusement, je n'ai plus jamais vu mon père à ce niveau d'excellence.

À la télévision, au moment de la série *Commissaire Valence*, je n'ai même pas regardé les premières diffusions. Je savais que Tapie serait « en dessous ». Il pouvait être un comédien exceptionnel, mais à une condition : qu'il ne puisse pas modifier le texte. Dans des pièces comme *Un Beau Salaud* ou *Oscar*, il est devenu metteur en scène à la place du metteur en scène auquel il a expliqué : « Je vais jouer différemment ! Je serai beaucoup plus naturel en restant moi-même, ça sera beaucoup mieux ! » Après la représentation, ses amis se bousculaient dans la loge de Tapie pour le féliciter : « Tu es génial, on te retrouve comme dans la vie ! » Sauf que c'était justement à cause de ça qu'il n'était pas bon. C'est ce qui a fait toute la différence avec *Vol au-dessus d'un nid de coucou*. S'il a été aussi juste dans le rôle de McMurphy, c'est parce qu'il n'avait pas le droit de changer une ligne. Dans la version originale, les malades veulent regarder un match de base-ball à la télé. Rien que pour changer ce match de base-ball en un match de foot, ce qui parlait plus aux Français, il a fallu argumenter avec les Américains pendant des mois. Alors, toucher au texte, il ne fallait même pas y penser ! C'était un sacré challenge pour Tapie de respecter chaque mot d'un dialogue, de ne pas broder, de ne pas faire du Nanard. Quand il sortait de scène, il était mort de fatigue, totalement épuisé, mais le résultat était là !

Tapie avait le potentiel pour être un grand comédien, mais les auteurs et les metteurs en scène n'étaient pas assez stricts avec lui, pas assez exigeants. Au début, ils essayaient de lui imposer leur vision de la pièce, de lui expliquer comment il devait la jouer, mais comme Tapie les envoyait dans le mur avec beaucoup de conviction, ils baissaient les bras et le laissaient faire. Il y avait un mode d'emploi avec Tapie, une façon de lui présenter les choses. J'ai été son producteur deux fois pour des émissions de télévision. C'était pour *À tort ou à raison* sur TF1 et *Rien à cacher* sur RTL 9. Je sais donc que si un producteur ou un réalisateur le prenait de front, c'était terminé. Il fallait argumenter et le laisser analyser tes arguments en étant persuadé qu'il allait, de toute façon, ajouter sa touche personnelle : modifier les dialogues, improviser ou inventer d'autres répliques, interpréter le rôle à sa manière, en changeant la gestuelle. C'est pourquoi, sans que Tapie s'en aperçoive, il fallait passer discrètement sur ce qu'il avait changé, mais se débrouiller pour que finalement, ça passe à la trappe. Il n'était pas dupe, mais si ça roulait bien, il laissait filer. En revanche, si tu avais sucré son idée et que ce n'était pas justifié, aïe, aïe, aïe ! Le problème, c'est que Tapie est tombé sur des auteurs qui n'assumaient pas leurs décisions et qui, en outre, lui écrivaient des rôles sur mesure. Quand ils prenaient Tapie dans une pièce, il savait qu'il allait faire du Tapie, comme Gabin faisait du Gabin ou Delon, du Delon. Donc, volontairement, il le mettait dans une situation ou une histoire où il s'exprimait avec son phrasé, ses gestes habituels et adoptait l'attitude qu'il avait dans la vie de tous les jours. Et là, ça ne risquait pas de marcher…

## – 13 –

## L'aventure de *La Provence*

La relation que j'entretenais avec mon père a pris un nouveau cap quand il m'a proposé de devenir le directeur général des activités du groupe numérique *La Provence*, qui comprend également *Corse Matin*.

Après avoir acquis le quotidien *La Provence*, Tapie s'était très vite aperçu qu'à l'avenir les journaux papier se vendraient de moins en moins. Aujourd'hui, il y a plus de supports d'information que d'informations. À 6 heures du matin, au saut du lit, il y a déjà trois chaînes d'infos et des dizaines d'autres applications, dont les sites Internet et les radios, qui te renseignent sur l'actualité. Si tu veux en savoir plus, tu peux consulter les actus sur ton téléphone portable, et si tu prends les transports en commun, lire les journaux gratuits qui y sont distribués.

Si, malgré tout, tu achètes un journal dans un kiosque, tu trouves quelle actualité que tu ne connais pas déjà ? Malgré ce constat, Tapie a repris *La Provence* parce que, dans la région, il se passait tellement d'événements qui n'étaient pas relayés par Paris, il y avait un tel foisonnement que c'était un challenge qui en valait vraiment la peine.

À la fin de la première réunion à *La Provence* à laquelle j'assistais comme observateur, Tapie m'a demandé : « Est-ce que tu penses que la diversification de *La Provence* par la télé, le Net et les radios peut être rentable ou que cela va augmenter les pertes ? » Je lui ai répondu que je croyais à sa rentabilité pour des raisons logistiques et surtout parce que sur un plan culturel, artistique, sportif, économique, Marseille et sa région étaient d'une incroyable richesse. En revanche, la couverture médiatique de cette richesse par la capitale était proche de zéro ! Marseille vue de Paris se réduisait à des idiots qui courent après un ballon de foot ou jouent de la kalachnikov...

Mon père a écouté mon argumentaire. Il m'a demandé si j'acceptais de relever le défi consistant à prendre en main le chantier numérique : « C'est obligé que ce soit toi qui t'en occupes. Il y a des choses que je sais faire et celles que toi, tu sais faire, et comme tu n'es pas trop mauvais dans ce domaine… » Il ne faut pas croire, dans la bouche de mon père, c'était un grand compliment !

J'ai été heureux de redescendre dans le Sud, à Marseille. J'avais divorcé d'avec cette ville et n'y avais plus remis les pieds depuis douze ans. Ma maman y avait habité très longtemps et après sa mort, je n'avais pas pu y retourner, ça remuait trop de souvenirs. J'avais toujours eu le sentiment que, géographiquement et affectivement, la cité phocéenne m'avait « pris » ma mère. Elle avait été le témoin de ma vie avec elle, mais aussi de sa disparition. Ce furent donc mes retrouvailles avec Marseille. Au départ, j'étais un peu perdu, je ne m'y sentais pas encore vraiment bien, mais j'ai vite perçu qu'on commençait à s'apprécier de nouveau. Paradoxalement, cette ville, qui m'avait éloigné de ma mère, m'a rapproché de mon père…

C'était la première fois que je travaillais pour Bernard Tapie. Quand j'étais producteur à la télévision, c'est lui qui travaillait pour moi… Ce fut une expérience incroyable et passionnante de collaborer avec lui, un privilège, et surtout, c'était très enrichissant. Malgré sa spontanéité, je le trouvais très intelligent dans l'analyse, brillant intellectuellement et très tenace, pour ne pas dire têtu. Il avait décidé que son journal fonctionnerait et il a tout fait pour. Dans le but de le renflouer et de le développer, il a donné en caution son hôtel particulier, auquel il tenait beaucoup, et même mis en vente son bateau…

Dans cette aventure, j'ai découvert Tapie sous un jour que je ne connaissais pas. Avec moi, il n'allait pas jusqu'au conflit, il était à l'écoute. Il ne tapait pas sur la table en criant « C'est moi le patron ! » et il ne me l'a jamais fait sentir. Il ne se forçait pas, il était totalement naturel. Nous n'avions pourtant pas un rapport d'égal à égal, d'abord à cause du respect que je lui portais et puis parce que, hiérarchiquement, nous n'étions pas sur un plan d'égalité : il était mon actionnaire. Tapie, c'était le taulier, et comme je n'avais aucune envie d'être calife à la place du calife, ça me convenait parfaitement.

## – 14 –

# On croyait Tapie invincible…

Mon père est mort à soixante-dix-huit ans, il n'était donc plus de la première jeunesse d'une certaine manière, on peut même dire qu'il n'était plus jeune du tout. Mais, malgré son âge, avant qu'il ne tombe malade, il était toujours en pleine possession de ses moyens. Même quand il se battait contre le cancer, et jusqu'à la fin, il a gardé toute son intégrité intellectuelle. Quand il était en pleine forme, même après 70 ans, c'était un mec qu'il fallait suivre, tant au niveau de la réflexion que sur le plan physique. Il continuait de parcourir chaque semaine soixante kilomètres à vélo, et ce n'était pas une chute sévère, comme celle dont il a été victime, qui l'a découragé. Sur un vélo, Tapie était comme dans la vie : quand il était lancé, rien ne l'arrêtait. J'avais essayé de le suivre et j'avoue que je n'étais pas à la fête. Lui, bien sûr, était devant… Je mets au défi ceux qui ont aujourd'hui l'âge qu'il avait alors de relever le challenge !

En une journée, Tapie faisait autant de choses que le temps le lui permettait. Bien évidemment, avec des analyses et des réflexions totalement différentes puisqu'il opérait dans des domaines totalement différents… Pour ma part, je n'avais qu'un souhait : qu'il reste en pleine forme le plus longtemps possible et, au-delà de la dimension affective, pour une bonne raison : Tapie refusait radicalement qu'un jour, on puisse le voir diminué. Mon grand-père et ma grand-mère sont morts à quatre-vingt-seize et quatre-vingt-dix-huit ans. On n'arrive pas à de tels âges sans dégâts. Mon père les adorait et il s'est occupé d'eux jusqu'à la fin. Pourtant, plus d'une fois, il nous a confié : « Pour rien au monde, je ne voudrais qu'on m'empêche de m'occuper de mes parents, en revanche, pour rien au monde, je ne voudrais que vous fassiez la même chose pour moi. » Et d'ajouter : « Je vous interdis de me laisser devenir grabataire ». Quand mon père nous disait cela, il ne parlait pas d'une façon mélodramatique, il avait le sourire ; mais si son avenir s'était réduit à cette perspective, comme il ne voulait en aucun cas être un poids pour sa famille, je pense qu'il aurait choisi sa mort.

Depuis longtemps, avec sa femme, ils avaient conclu un pacte : le premier qui s'apercevait que l'autre était en train de se dégrader irrémédiablement abrégeait ses souffrances. Quant à moi, si un jour mon père m'avait demandé de l'aider à mourir, par amour, je l'aurais fait. Mais il n'a rien demandé. Il a tellement repoussé les limites du « plus tard possible » et de la souffrance aiguë, que le dernier mot est revenu à son corps. C'est son corps qui a pris la décision de tout arrêter, pas Tapie. Ce n'était pas son genre...

Même si le cancer, cette saloperie, reste une loterie sinistre, mon père n'avait pas le profil type du futur malade. Il était sportif, il ne buvait pas une goutte d'alcool, ne fumait pas et se soignait avec des médecines douces, alors pourquoi le cancer l'a-t-il pris pour cible ? C'est ce qu'il a demandé au début de sa maladie à son oncologue qui lui a répondu : « Vous connaissez l'expression populaire "se faire de la bile" ? Eh bien, voilà, vous comprenez pourquoi vous avez un cancer, vous avez la réponse à votre question. »

Je pense que le combat qui a opposé, pendant trente ans, Tapie au Crédit lyonnais, l'a usé à petit feu, physiquement et moralement. D'ailleurs, à un journaliste belge qui lui demandait si, dans cette affaire, il était victime d'un acharnement, il a répliqué du tac au tac : « Demandez à mon estomac ce qu'il en pense ! »

À force de voir Tapie toujours se battre et sur tous les fronts, tout le monde, et moi le premier, le croyions invincible. Mais ce n'était qu'une impression…

## – 15 –

## Investir dans les souvenirs…

À l'approche de l'été 2021, l'oncologue de Tapie me téléphone et me dit :

- Comme chaque année, tu comptes partir en Corse au mois d'août ?

À force d'être centrés lui et moi, depuis des années, sur une même personne, nous avions développé des relations amicales. Je lui réponds :

- Oui, pourquoi ?

- Oublie la Corse. Cet été, si tu le peux, passe le plus de temps possible avec lui…

Je connaissais assez ce médecin pour savoir que s'il avait estimé que mon père avait encore de la marge et un bon laps de temps devant lui, il m'aurait dit : « Pars en vacances, il n'y a rien d'urgent. » À sa façon de présenter les choses, je comprends donc qu'il ne faut pas que je tarde. Il me reste, il reste à mon père, quelques semaines, au mieux quelques mois…

Quand je suis arrivé à Saint-Tropez, Tapie était hospitalisé depuis la veille pour un problème respiratoire, et là, le choc, j'ai vraiment vu un vieillard, malade qui plus est. Jusque-là, je n'étais pas dans le déni, mais j'étais en mode *warrior*, j'étais sûr qu'il allait trouver un truc, anticiper, surmonter la maladie. À force d'entendre rabâcher toute la journée que Tapie est trop fort, qu'il va l'emporter, inconsciemment, tu finis par en être persuadé. Au pôle santé où il était soigné, j'ai pris une claque, j'ai compris que l'issue était fatale. Je l'avais rencontré quinze jours avant et brusquement, il y avait un changement physique phénoménal. La réalité m'a sauté aux yeux, j'ai vu un cancéreux en fin de vie. Il dormait, je suis resté deux heures à ses côtés. J'ai beaucoup réfléchi et j'ai entendu une petite voix intérieure, cette petite voix que tout le long de mon accompagnement j'appellerais mon ange gardien, et qui me chuchotait à l'oreille : « Profite de lui. Si tu as des griefs à son encontre, oublie-les, ça ne sert à rien de les évoquer…. » J'ai pensé : « C'est la voix de la vérité. Si je fais le bilan : qu'est-ce que j'ai raté avec lui ? Beaucoup de choses… Je peux les rattraper ? Non, bien sûr que non. On ne rattrape pas le temps perdu… Qu'est-ce qu'il me restera de notre relation une fois qu'il sera mort ? Les souvenirs… » Je devais investir dans les souvenirs, et tout de suite. Il n'est jamais trop tard même s'il reste peu de temps. On n'avait pas vécu beaucoup de moments ensemble depuis que j'étais né, je connaissais bien plus Tapie que mon père. Il fallait que je profite de sa présence pour me créer de jolis souvenirs et qu'on se dise tout ce qu'on ne s'était pas dit.

Pendant quatre mois, je suis donc chaque jour avec Tapie. Parfois le matin, à d'autres moments l'après-midi, suivant son état. Il n'est pas étonné de me voir si souvent, mais ça le rend très heureux. Je sais, il sait, qu'il y a urgence, que je n'irai pas en Corse parce que c'est le dernier été. Nous le savons tous les deux… On n'en parle pas, question de pudeur. Pas besoin de tourner autour du pot, de se renifler, pour se raconter les petites choses de la vie, les bons moments du quotidien, les mauvais aussi. Nous ne sommes pas en tête-à-tête tous les deux pour régler des comptes et ressasser le passé. On ne tire pas sur une ambulance. Dans un contexte aussi tendu, une discussion franche, ce n'est pas de sortir cyniquement : « Tu vas bientôt crever mon pote, j'ai oublié de te balancer tout ce que j'ai sur le cœur. L'occasion est trop belle, c'est le moment ou jamais ! » Ça ne sert à rien de brasser le ressentiment et la rancœur, de cracher sa haine, on ne s'en sort pas ! La maladie te fait tout pardonner, même si elle n'excuse pas.

Au départ, j'ai dû me faire violence. Le premier mois, il y a eu beaucoup de gêne, Tapie était très gêné d'être diminué. Heureusement, je ne l'ai jamais traité comme un malade, comme un handicapé, Tapie ne l'aurait pas digéré. Au fil des jours, sa gêne s'est estompée, il a fini par en jouer. Quand, par exemple, il n'arrivait pas à caler un oreiller dans son dos, il râlait en me demandant, ironique, si, un jour, j'allais me décider à l'aider !

Quand tu n'as pas l'habitude de dialoguer avec une personne, il faut que tu apprennes à communiquer et ton interlocuteur doit apprendre à écouter. À ce niveau, le comportement de mon père a énormément évolué avec la maladie, il était plus dans l'écoute, plus patient, il avait pris beaucoup de recul. Je crois qu'il était dans une phase de réflexion intense, bien plus puissante que ce qu'il avait jamais éprouvé. Et c'est normal quand on y pense…

Quand j'arrivais et qu'il me demandait : « Ça va ? », ce n'était pas une formule expédiée à la va-vite sans même attendre une réponse, c'était une vraie question. Dans la vie quotidienne, dix fois par jour, on te dit : « Ça va ? », mais c'est une formule de politesse. D'ailleurs, à ton tour, tu réponds : « Et toi, ça va ? », mais c'est superficiel et heureusement que ça l'est. Si mon interlocuteur commençait à me raconter par le menu ses problèmes personnels, je penserais : « Je lui ai juste demandé comment il allait et il me déballe sa vie, qu'est-ce qui lui prend ? » En revanche, quand Tapie était malade et qu'il me demandait comment, moi, j'allais, il s'intéressait enfin vraiment à ma réponse. C'était nouveau, parce qu'avant… Il avait également plus d'humour, de drôlerie. Au début, niveau dialogue, j'étais un peu emprunté, puis, peu à peu, c'est venu tout seul. Je lui ai dit ce que tout enfant dit à son père, alors que par le passé, ça n'avait pas été possible. Je n'avais pas le temps de mettre des formes, de me demander s'il allait bien ou mal le prendre, l'horloge tournait, alors je parlais, de tout, de rien, de la vie. Pendant toutes ces semaines, nous avons partagé une complicité inconnue jusque-là, vécu des moments vrais et profonds, basés sur le partage et l'envie, on s'est créé des souvenirs lumineux.

Parmi ces souvenirs, il en est un qui a été incroyable. Un dimanche, j'ai réussi à réunir autour de Tapie ses neuf petits-enfants. Ils sont venus de Marseille, de Paris, des quatre coins de la France. Ils ont passé une demi-heure avec leur grand-père autour de son lit. Il leur a parlé, il leur a donné les clés de la vie. C'est la première et unique fois où son besoin et son instinct de transmission intellectuelle se sont exprimés. J'en ai été témoin en *live*, je l'ai vu de mes propres mes yeux, c'était un moment magique, Tapie était bouleversé.

Autre souvenir très fort… Mon père n'a jamais caché qu'il était très croyant. Ce n'étaient pas des mots, mais une conviction profonde. Pour lui, il y avait un « après », la mort n'était qu'un passage. D'ailleurs, il nous répétait depuis longtemps en rigolant : « Ne faites pas de conneries quand je ne serai plus là, je verrai tout, je vous aurai à l'œil ! » À Marseille, il avait une dévotion pour Notre-Dame de La Garde. J'ai donc eu l'idée de demander à monseigneur Michel Mouïsse, qui officiait à la basilique, s'il voulait bien lui rendre visite chez lui.

Même si je n'ignorais pas que cette entrevue serait un moment très important dans la vie de mon père, ce n'était pas évident, pour moi qui suis mécréant, de proposer cette rencontre à monseigneur Michel Mouïsse. J'avais tort de redouter cette démarche parce qu'il m'a tout de suite donné son accord, sans hésiter. Il est venu voir Tapie un dimanche et il est resté avec lui toute la journée. Je voulais m'éclipser discrètement de la chambre, les laisser en tête-à-tête, mais mon père ne l'a pas voulu. À un moment, je suis sorti quand même. J'ignore ce qu'ils se sont dit alors, peut-être qu'ils ont prié ensemble, mais je sais que cette rencontre a beaucoup apporté à mon père, elle l'a tranquillisé. D'ailleurs, quelques jours plus tard, il m'a demandé :

- Je veux être enterré à Marseille, tu t'en occupes ?

Je lui ai répliqué :

- Tu ne t'en es pas occupé toi-même ?

- Non, je ne le savais pas, maintenant, je sais.

Ce « Tu t'en occupes ? » était tellement récurrent chez Tapie quand il voulait me charger de quelque chose, que ça m'a fait sourire, c'était tout lui !

Oui, j'ai des souvenirs incroyables de cet été passé avec mon père. Même quand il était à l'hôpital parce qu'il avait une pneumonie et qu'il ne se réveillait qu'une demi-heure par jour, même quand il était mourant. Dans ces circonstances, avec pas grand-chose, tu profites de chaque instant. De toute façon, tu n'as pas le choix : tu kiffes ou tu pleures toute la journée ? Non, tu ne chiales pas, tu kiffes !

## – 16 –

## Tapie, suite et fin

Dès que mon père se sentait moins mal, il bombait le torse et s'empressait de redevenir Tapie. C'était inhabituel, mais on était contents qu'il gueule. Quand c'était le cas, je pensais : « Il va mieux aujourd'hui ! Pourvu qu'il râle demain matin quand j'arriverai… » En réalité, il ne s'est jamais arrêté de gueuler, ce sont les cibles qui ont changé. Ce n'était plus sur nous, ses enfants, qu'il déversait sa bile, mais sur les médecins. Les infirmières, non, il les a toujours mises sur un piédestal, mais les médecins, ils ont pris très cher ! Sa lutte des classes, elle a duré jusqu'au bout ! J'ai vu l'infirmière, qui devait installer le cathéter pour sa chimio, lui rater la veine deux ou trois fois. C'était douloureux, mais il est resté silencieux. En revanche, quand le chirurgien a fait la même erreur, il ne l'a pas loupé. Il l'a incendié, le traitant d'incapable. Il hurlait : « Espèce de con, ça fait mal, change de métier ! » Tapie n'a jamais été un patient très patient…

Lors d'un précédent séjour à l'hôpital de la Pitié Salpêtrière à Paris, car il en a fait beaucoup, son obsession, c'était de toujours trouver quelque chose à redire. Dans sa chambre, il y avait deux bouteilles de gaz qui servaient à faire des inhalations pour désengorger ses poumons. Tapie était persuadé qu'il y en avait une qui fonctionnait mieux que l'autre, ce qui était totalement inexact. Au lieu d'abonder dans son sens, les médecins et le personnel s'évertuaient à le persuader qu'elles étaient aussi efficaces l'une que l'autre. Quand on connaissait Tapie, ils avaient tout faux ! Ça le rendait fou, déterminé, il se tournait vers moi : « Tu les éclates ou je m'en charge ? » Un matin, il est réveillé très tôt, il avait fait un cauchemar. Mon téléphone sonne, il est six heures ! J'entends Tapie paniqué : « Viens vite à l'hôpital, ils m'ont transfusé le sang du voisin. C'est une catastrophe, il n'a pas le même cancer que moi. C'est dramatique ! » J'appelle son oncologue qui me confirme que mon père croit dur comme fer à son cauchemar, qu'il est en plein délire et qu'il hurle que son fils Stéphane va arriver et défoncer tout le monde ! J'ai rappliqué aussi vite que j'ai pu, d'Asnières où j'habite à la Salpêtrière, ce n'est pas la porte à côté. Tapie a crié à la cantonade : « Maintenant, je vous laisse avec lui ! Il va vous défoncer ! » Je suis sorti de la chambre et quand je suis revenu, il m'a demandé ce qui s'était passé, je lui ai répondu :

– Voilà, c'est réglé !

– J'en étais sûr !

Le lendemain, il était redescendu, il m'a lancé : « Tu as vu le délire, j'étais persuadé que mon cauchemar était vrai ! » En définitive, il fallait savoir le prendre. Les personnes qui en avaient la charge auraient dû changer leur façon d'être et leurs méthodes, ils ne l'ont pas calculé. Moi, je connaissais le mode d'emploi : trouver une parade, ne pas lui donner tort tout en ne lui donnant pas raison.

Tous ces épisodes caractéristiques de son tempérament se sont déroulés dans les moments où il avait encore de l'énergie, mais au fil du temps, ils ont été de plus en plus rares. Les nausées lui coupaient l'appétit, il n'avait pas faim, il ne mangeait rien. Chez lui, les quatre derniers mois, il n'a pas pris un seul repas avec nous. Trois jours avant la mort de mon père, j'ai senti que c'était la fin.

À part les dernières heures où il était dans le coma, mon père était parfaitement conscient. Quand il a commencé à dormir de plus en plus souvent, puis continuellement, on a compris… Sa femme, ses enfants et ses petits-enfants, nous étions tous réunis autour de lui, pas un ne manquait. Il ne nous entendait certainement pas, mais on lui a quand même dit : « Nous sommes là, pars tranquille ».

Dans ce genre de maladies, quand la fin est proche, il y a plusieurs hypothèses. La mort peut venir d'une embolie pulmonaire qui provoque un arrêt respiratoire, mais il y a une autre possibilité : le cancer se propage au niveau du foie et dans ce cas la personne meurt très rapidement, 24 heures maximum. Nous sommes au mois d'octobre 2021, je parle avec son oncologue qui m'annonce : « La saturation commence à baisser, le foie est touché, son décès est imminent ». Ce n'était pas une surprise, on voyait tous qu'il se réveillait de moins en moins, qu'il glissait. Il était aux environs de minuit. Je suis rentré chez moi, j'ai pris une douche, je me suis changé et je suis retourné au chevet de mon père. Même si ça semble bizarre, j'avais envie d'être bien, correctement habillé pour l'accompagner. Mon père était dans le coma, il est mort le 3 octobre 2021 au matin, chez lui, entouré de tous les siens. C'est ce qu'il souhaitait, il ne voulait surtout pas mourir sur un lit d'hôpital, et je pense qu'il a eu la plus belle des morts.

J'ai vu que la vie était partie à son souffle qui s'est arrêté, à son visage qui s'est apaisé. Pour mon père, la mort a été un soulagement, une libération. Il était devenu prisonnier de son corps, de la douleur. C'était un moment inévitable et je m'y étais tellement préparé que je n'en garde pas un souvenir épouvantable. J'étais presque rassuré qu'il parte. Ce n'était pas humain qu'il continue à s'imposer de pareilles souffrances, une agonie aussi cruelle.

Toute la famille est restée autour du lit. À un moment, j'ai souhaité qu'on me laisse seul avec mon père et je lui ai simplement dit : « C'est bon, t'inquiète, je vais m'occuper du reste. Je prends le relais. »

C'est monseigneur Aveline qui a célébré la messe des funérailles de Tapie à Marseille, à la cathédrale de La Major. Dans son homélie, il lui a rendu hommage avec des paroles aussi fortes que justes :

« *La vie de Bernard Tapie a sa part d'ombre, qui pourrait le nier ? C'est avec Dieu maintenant qu'il doit relire sa vie, ses ombres et ses lumières. Son ultime combat a été l'occasion pour lui de proclamer la foi qui l'animait. "Mon premier geste, en me levant le matin, disait-il, est de me mettre à genoux et de prier." Sur sa table de nuit trônait une statue de la Vierge de la Garde. À Marseille, on dit souvent que quand l'OM va, tout va. Mais au-dessus du stade, il y a la Bonne Mère qui veille sur tous les Marseillais, ceux qui aiment le foot et ceux qui préfèrent autre chose. Et comment ne pas évoquer en cette cathédrale les joueurs et les supporters de l'Olympique de Marseille, tous ceux qui, avec Bernard Tapie, avaient retrouvé le chemin de l'espoir et réussi à réaliser leurs rêves. Cette fierté, ils ne l'ont pas oubliée. Le peuple de Marseille est là, présent et recueilli, triste et fier à la fois. Si Bernard Tapie a choisi notre ville pour y établir sa dernière demeure, c'est parce qu'il l'aimait profondément. Et Marseille le lui rend bien !* »

Il y a eu également les larmes et les paroles vibrantes d'émotion de nos amis proches : la sénatrice Samia Ghali, maire adjointe de Marseille, Renaud Muselier, président du conseil de la région Sud, Benoît Payan, le maire de Marseille, et aussi celles de mon parrain

Jean-Louis Borloo qui a cité la chanson de Barbara : *Ma plus belle histoire d'amour, c'est vous.*

À l'extérieur, des milliers de supporters de l'OM attendaient en chantant la sortie du cercueil. Ils l'ont accueilli dans la lueur et la fumée des fumigènes pour un dernier voyage en fanfare jusqu'au cimetière de Mazargues. Un lieu où, les soirs de match au stade Vélodrome, se répercutent entre les tombes les vivats de la foule. Tapie n'aurait pas pu espérer mieux… Quant à moi, tout au long de ses funérailles à Marseille, j'étais sur un nuage, un intense nuage d'amour qui m'a enveloppé, porté, bercé jusqu'au plus profond de moi.

## – 17 –

## De la belle aube au triste soir…

Que ce soit sur un plan positif ou négatif, Bernard Tapie était un monument. C'était un homme à mille facettes, un diamant qui n'a jamais été taillé et qui ne devait absolument pas l'être. Il aurait été dommage qu'il perde la moindre facette… Insaisissable et prévisible, emporté et réfléchi, aimant et indifférent, Bernard Tapie, même pour moi, restait indéchiffrable. Il était inclassable, il ne rentrait dans aucune case, aucun moule, aucun schéma préétabli. Il déclenchait des réactions de haine ou d'adoration, il rendait fous beaucoup de gens, il irritait, mais il ne laissait personne indifférent. Nul ne disait à son sujet : « Tapie, je m'en moque, en ce qui le concerne, je n'ai pas d'avis. » Mon père a toujours provoqué des réactions extrêmes.

On ne choisit pas d'être un lion ou un mouton, on est un lion ou bien un mouton. Dans une meute, il y a des dominants et, une fois par siècle, il y a un phénomène qui reste dominant du début à la fin de son existence. La grande majorité de ses congénères le sentent et ne cherchent pas à se mesurer à lui. C'est pareil pour le genre humain. Tapie était un dominant, mais surtout un ovni. Il n'a jamais eu de réseau pour le soutenir, il n'a jamais fait partie d'un clan, d'une caste. C'était un homme libre, un trublion parti de rien auquel on ne pardonnait rien.

Derrière les critiques, fondées ou non, derrière le mythe Tapie, il y avait une personne, et cette personne a accompli des choses formidables. Même si, le plus souvent, Tapie était donné perdant, à force de travail, d'énergie et d'engagement, il a réalisé de véritables exploits, porté haut les couleurs de la France et a marqué l'histoire dans bien des domaines.

Un de mes amis, qui a mon âge, m'a dit dernièrement : « Il y a vingt ans, j'étais à l'Isa [Institut supérieur des affaires]. Dans ma promo, nous avons quand même passé la moitié d'un trimestre à travailler sur un seul chapitre d'un livre d'économie qui s'intitulait : "La Méthode Tapie dans le business". » En l'apprenant, j'ai éprouvé un sentiment de fierté.

C'est la richesse du parcours de Bernard Tapie que je voudrais que mes enfants retiennent, et c'est pour leur expliquer, sans complaisance, qui est vraiment leur grand-père que j'ai décidé d'écrire ce livre. Néanmoins, si je reconnais la valeur et les mérites de mon père, je ne me pose jamais la question de savoir si j'aurais aimé avoir une vie comme la sienne. Dans l'absolu, et même si la conséquence était de se retrouver complètement isolé dans son univers, ça m'aurait passionné d'être à son image et d'effectuer le même parcours professionnel. J'aurais aimé avoir certaines de ses qualités, son charisme, son pouvoir de séduction, partager cette fascination qu'il exerçait sur les gens, y compris sur ceux qui le critiquaient ou le détestaient. Son style de vie aurait pu être le mien, mais à condition de ne pas commettre les mêmes erreurs sur le plan privé.

Dans les relations qui unissent parents et enfants, il y a les figures libres, comme l'amour que l'on porte aux siens, et les figures imposées qui sont les liens du sang. À mon égard, Tapie s'est contenté des figures imposées, d'un lien de fait, censé se suffire à lui-même. C'était sans doute le prix à payer pour qu'il réussisse une carrière comme la sienne et vive dix vies en une.

Mon père nous répétait souvent : « Je ne serai pas malheureux de partir, j'ai été tellement heureux dans ma vie ! » Il n'avait pas peur de la mort. Son angoisse, c'était de tomber malade. Mais jamais il n'aurait imaginé être frappé si sauvagement et si rapidement. Plus d'une fois par le passé, j'ai rêvé que Tapie prenne sa retraite, qu'il lâche le monde des affaires et se retire sur son bateau avec sa femme. Au besoin, je serais allé le voir une fois par mois, je l'aurais amusé, promené, emmené à la pêche ou jouer à la pétanque. Il aurait enfin pu se poser et se reposer, vivre et profiter de la vie.

Ce n'était qu'un rêve, une utopie. Et pourtant, j'aurais tellement aimé que mes enfants profitent un peu plus longtemps de leur grand-père. Je ne dis pas de Bernard Tapie, de leur grand-père…

## Table des matières

Composition

PRESS·PROD

Imprimé en France par
CPI Brodard & Taupin
en décembre 2022

Dépôt légal : janvier 2023
N° d'impression : 3050752
ISBN : 978-2-7499-2335-2
LAF : 1864